Ernst-Ulrich Hahmann

JÖRG SEEDOW
Ein Journalist auf Spurensuche

Der
Leichenschänder

Auf den Spuren eines Sexualtriebtäters

D1720465

amicus

Nachdruck oder jede Art der Veröffentlichung, auch auszugsweise, nur mit ausdrücklicher Genehmigung und Quellenangabe.

Die Deutsche Bibliothek – CIP-Einheitsaufnahme – verzeichnet diese Publikation in der Deutschen Nationalbibliografie.
Im Internet abrufbar unter: http://dnb.ddb.de

Autor: Ernst-Ulrich Hahmann
Einbandgestaltung: Ernst-Ulrich Hahmann
© amicus-Verlag 2012
Alle Rechte vorbehalten.
1. Auflage 2012

www.amicus-verlag.de
Satz: www.DTPMEDIA.de Mathias Gawlich
Druck: ScandinavianBook

ISBN 978-3-939465-95-9

Überall auf dem Leipziger Sackbahnhof waren die Spuren des verloren gegangenen Krieges deutlich zu sehen. Zerschlagene Fensterscheiben, in den Hallenwänden Spuren von Einschüssen, Trümmerreste und durch die zerstörte Hallenkuppel des Bahnhofes pfiff der kalte Märzwind. Er drang durch die dürftige, abgenutzte und teilweise zerlumpte Kleidung, der auf dem Bahnsteig stehenden Reisenden.

Unter den Wartenden versuchten an diesem kalten Märztag des Jahres 1946 vergeblich zwei Herren in Erfahrung zu bringen, wann sie nun endlich weiterfahren konnten. Zurzeit verkehrten auf den eingleisigen Eisenbahnlinien die unbeheizten Reisezüge unregelmäßig. Die beiden Männer waren mit dem Zug aus der erzgebirgischen Stadt Marienberg hier eingetroffen und wollten nun mit dem Anschlusszug weiter über Halle nach Magdeburg.

Im Moment ein vergebliches Bemühen.

Gleich nach dem Krieg hatte man besonders auf den Nebenstrecken den zweiten eisernen Schienenstrang abgerissen und dieser Stahl wanderte als Reparationsleistungen in die Sowjetunion. Wen wunderte es da, dass unter der Bevölkerung der sowjetischen Besatzungszone das Sprichwort kursierte: „Die Züge fahren jetzt so schnell, dass man das zweite Gleis nicht mehr sehen kann."

Die beiden Männer, jeder nur eine Aktentasche unter dem Arm, liefen schweigend den Bahnsteig auf und ab, und wenn sie stehen blieben, trampelten sie mit den Füßen auf der Stelle, um wenigstens etwas gegen die Kälte zu tun. Selbst die Finger begannen zu kribbeln und zu zwicken, obwohl die Hände in gestrickten Fäustlingen steckten. Sie waren ungehindert dem eiskalten Wind ausgesetzt, der durch den zerstörten Bogen der Quersteigbahnhalle pfiff, die durch einen Volltreffer bei einem der letzten Angriffe alliierter Bombenflugzeuge auf Leipzig zusammenstürzte.

Weder das Hin- und Herlaufen, noch das Klopfen mit den Händen um die Schultern oder das Verstecken der Finger unter den Achselhöhlen half. Obwohl die beiden für die Verhältnisse recht gut gekleidet waren, drang die Kälte nicht nur durch die Fäustlinge, durch die Schuhe, sie drang durch ihre Kleidung bis auf die Haut.

Wie musste es da erst den Reisenden in der abgerissenen und zerlumpten Kleidung ergehen?

Diese standen bibbernd vor Kälte zwischen abgeschabten Koffern, geflickten Rucksäcken, geschnürten Bündeln und rostigen Fahrrädern.

Bild 1: Gedränge auf dem Leipziger Bahnhof, einer der größten Kopfbahnhöfe in Europa (1953).

Unter den Wartenden befanden sich abgemagerte Männer in zerschlissenen Soldatenmänteln, die sicherlich aus dem Übergangslager Frankfurt/Oder kamen und sich nun nach der russischen Gefangenschaft auf der Heimfahrt zu ihren Lieben befanden. Flüchtlinge mit dem Rest ihrer Habseligkeiten erhofften sich woanders ein besseres Leben. Ausgebombte, die nicht viel besser als die Heimkehrer aus der Gefangenschaft oder die Flüchtlinge aus den Ostgebieten aussahen, befanden sich sicherlich auf der Suche nach den nächsten Angehörigen, dazwischen abgehärmte Frauen aus den Städten, die sich auf Hamsterfahrten befanden. Auf endlosen Märschen von Bauernhof zu Bauernhof tauschten diese oft das letzte Wertvolle, wie Wäsche oder

Schmuck gegen Getreidekörner, Hülsenfrüchte oder Kartoffeln ein. Wer dabei mal ein Stück Schinken oder gar Eier ergattern konnte, hatte das große Los gezogen. Nicht selten begaunerten die Bauern die armen Frauen bei den Tauschgeschäften.

Schieberei und Korruption gehörten zur Tagesordnung.

All diese Menschen drängelten sich auf den einzelnen Bahnsteigen und in der riesigen Bahnhofsvorhalle des Leipziger Hauptbahnhofes. Sie warteten geduldig, teilweise fast apathisch auf den nächsten Zug, der sie ihrem Ziel ein Stück näher bringen sollte.

Vereinzelte Schneeflocken schwebten durch das zerstörte Dach des Bahnhofs auf die Wartenden herab.

Nur den beiden Männern, die neben einem der Pfeiler standen, die einst das jetzt zerstörte Dach der Bahnhofshalle trugen, schien dies alles gegen den Strich zu gehen, aber ihnen blieb nichts anderes übrig, als sich in Geduld zu üben. Da half auch kein Schimpfen und Fluchen auf den verdammten Zug. Ihre Dienstreise war hier erst einmal zu Ende.

„Wenn dieser gottverdammte Zug nicht bald kommt, friere ich mir hier noch einen ab!", fluchte der etwas Dicklichere.

„Komm, bleib ruhig. Kannst sowieso nichts ändern. Kostet nur deine Nerven!"

„Hast ja Recht. Wir befinden uns doch auf Dienstreise, und wer es da eilig hat, ist ein Idiot."

Unter den chaotischen Verkehrsbedingungen war es schließlich egal, wann die beiden ankamen, es konnte sowieso keiner kontrollieren. Kehrten sie morgen nicht zurück, dann eben erst übermorgen.

Plötzlich meinte einer der beiden Männer: „Ich muss unbedingt mal schiffen. Ich halte es nicht mehr aus!"

„Na, dann sieh mal zu, ob du eine Toilette findest? … Ich glaube nicht."

Nach zehn Minuten kehrte der Mann bereits fluchend zurück und schimpfte: „Du hast Recht. Und das, was eine Toilette sein soll, kann man keinem zumuten. Die Wände beschmiert und alles vollgeschissen!"

„Was willst du jetzt machen?"

Sich umschauend antwortete er: „Ich gehe auf die Toilette, dort in den leer stehenden Zug – egal, ob es verboten ist diese auf dem Bahnhof zu benutzen."

Gesagt, getan.

Der Mann war erst wenige Minuten in dem leer stehenden Zug verschwunden, da ruckte dieser an und setzte sich langsam in Bewegung. Im gleichen Augenblick flog eine Waggontür, des immer schneller davon rollenden Zuges auf und der Mann sprang fluchend heraus: „Man kann noch nicht einmal in Ruhe scheißen! Verflucht!"

„Na, das wäre beinahe schief gegangen!", lachte der andere.

„Du hast gut lachen! Kannst dir nicht vorstellen, wie meine Blase drückt."

Es verging eine halbe Stunde …, eine Stunde …, nichts geschah.

Nur die Kälte drang immer unerbittlicher durch die Kleidung, dagegen half auch nicht das Auf-der-Stelle-Treten. Besonders schlimm schien es dem kleinen Dicklichen zu ergehen, aber sicherlich nicht nur wegen der Kälte, der Druck in seiner Blase war kaum noch auszuhalten, so schmerzte diese. Dagegen half auch nicht alles Trremmeln auf der Stelle.

Dann endlich nach zwei Stunden kündigte eine Frauenstimme im sächsischen Dialekt über die blechern klingenden Bahnhofslautsprecher die Einfahrt des Zuges an: „Bitte von der Bahnsteigkante zurücktreten. Es fährt ein, der Zug aus Dresden zur weiterfahrt nach Magdeburg. Zurücktreten von der Bahnsteigkante!"

Sofort geriet die bisher im dumpfen Schweigen verharrte Masse auf dem Bahnsteig in hektische Betriebsamkeit. Die Leute ergriffen ihr Gepäck, traten näher an die Bahnsteigkante heran und der eine und andere rief lautstark nach seinen Reisegefährten. Eine Mutter riss ihren Sohn zurück, der allzu dicht an die Bahnsteigkante herangetreten war.

Aller Blicke richteten sich gespannt in die Richtung, aus der der Zug kommen musste.

Es vergingen immerhin noch zehn Minuten, ehe die lange Wagenreihe mit der dampfenden Lok davor in der Ferne auftauchte. Fauchend und klirrend fuhr der Personenzug im Bahnhof ein und hielt mit kreischenden Bremsen kurz vor dem Prellbock am Bahnsteig.

Die beiden Männer, unterwegs als Einkäufer für denselben Betrieb, von Gepäck unbelastet, nur mit den Aktentaschen unter dem Arm, drängelten sich rücksichtslos durch die Einsteigenden, kletterten in den nächsten Wagen und ließen sich erleichtert auf der hölzernen Sitzbank nieder.

Auf dem Bahnsteig herrschte längs der aneinandergekoppelten zahlreichen Waggons ein Fluchen, ein Drängeln und Schieben beim Kampf um einen Platz in dem Zug.

Ein jeder wollte mitkommen und dabei war es ihm egal, was für ein Eckchen er ergatterte.

Endlich hatte sich der Bahnsteig geleert und der Letzte hatte seinen Platz im Zug gefunden. Wohl dem, der einen Sitzplatz erwischte, auch wenn man seinem Nachbarn fast auf der Pelle hockte.

Bild 2: In den Jahren kurz nach dem Krieg – ein Bild der Alltäglichkeit, die voll besetzten Züge.

Überladen waren die an braunen gusseisernen Halterungen hängenden Gepäcknetze mit Koffern, Rucksäcken, Beuteln, Kartons und Taschen.

Dicht gedrängt standen Alt und Jung, Groß und Klein in den schmalen Gängen. Selbst die offenen zugigen Plattformen der Waggons waren trotz der herrschenden Kälte überfüllt. Die beiden Männer, der eine 35 und der andere 22 Jahre alt verband mehr als nur die Tätigkeit des Einkäufers im selben Betrieb.

Beide waren nach Kriegsende als Hilfspolizisten in der sowjetischen Besatzungszone tätig gewesen. Beide waren verheiratet und beide waren stets auf sexuelle Abenteuer mit anderen Frauen aus. Bei ihren Unterhaltungen drehte es sich immer um die Weiber und um das Thema *„Nummer eins"*.

Kaum hatte der Zug den Bahnhof verlassen, stand der, der unbedingt mal musste, auf, drängelte sich durch die dicht an dicht stehenden Leuten im engen Gang bis zur Toilette am Kopfende des Waggons. Diese war, wie nicht anders zu erwarten, ebenfalls vollgepisst. Wollte er nicht in die Hose machen, blieb ihm nichts anderes übrig als diese jetzt zu benutzen.

Und er nutzte die Toilette, wenn auch widerwillig.

Ständig hielt der Zug auf offener Strecke und wartete dann auf dem Ausweichgleis stehend auf den Gegenzug.

Durch das ständige Halten schien sich die Fahrt zu einer unendlichen Geschichte zu entwickeln.

Fuhr der Zug dann einmal, glitt grau und trüb die Märzlandschaft vorbei. Der Winter wollte nicht so richtig weichen. Wohin man auch blickte, überall lagen noch die schmutzigen weißen Schneereste.

Die rechts und links neben dem Abteilfenster sitzenden Männer hingen ihren eigenen Gedanken nach. Der eine mit angestauter Wut im Bauch, wenn er an die letzte Nacht mit seiner Frau dachte. Und wieder, wie schon so oft in letzter Zeit, hatte sie sich ihm verweigert. Sie konnte einfach seine Brutalität und die Schmerzen, die er ihr beim Sex zufügte, nicht akzeptieren. Aber gerade das brauchte er, denn er kam nur zum Höhepunkt seiner sexuellen Gelüste, wenn er Frauen *„bearbeiten"* konnte und diese dabei vor Schmerzen schrie-

8

en. „*Bearbeiten*", das klang so schön harmlos. Und überhaupt! Auch die anderen Weiber, die er auf Dienstreisen aufriss, verhielten sich wie seine Frau, wenn er diese entsprechend seiner Wünsche zu bearbeiten begann.

Er schnaufte und murmelte vor sich hin: „Immer dasselbe mit den blöden Weibern."

Sein gegenüber hob den Kopf, blickte ihn belustigt an und stellte die Frage: „Wieder mal Zoff mit deiner Alten?"

„Immer das Gleiche", kam die Antwort. Ich komme einfach nicht an die Weiber ran, verdammt …!"

„Was willst du denn, die Weiber, die tun's doch alle gerne …"

„Ja, ich komme immer so weit, dass sie mitmachen, das ist kein Problem. Aber ich will sie kneifen, zwicken und quälen. Und wenn ich das will, dann beißen und kratzen sie. Eine hat mich mit dem Regenschirm traktiert, sodass ich die Flucht ergreifen musste. Das Aas …"

„Hör mal", erwiderte sein Gegenüber und lachte, „du gehst mir allmählich mit deinem Gejammer auf den Sack. Sei doch endlich konsequent. Wenn du keine findest, die stillhält, musst du eben eine stille machen. Hau sie doch einfach auf den Kopp, dann sind sie still, und wenn sie stille sind, dann kannste."

Daran hatte der Angesprochene in letzter Zeit schon selbst oft gedacht. Er wollte nicht immer dastehen wie ein Schlappschwanz, ein Ritter von trauriger Gestalt, dem als einzige Entspannung nur die Selbstbefriedigung übrig blieb. Den gleichen Rat hatte er schon einmal von anderer Seite bekommen. Er war erleichtert, dass sein Reisegefährte es ebenso sah wie er.

Als „*echter*" Kumpel hatte der Jüngere sich dem Älteren schon mehrmals anvertraut, wenn er wieder eine Frau angemacht hatte und auf seine Art zur Sache kommen wollte und zurückgewiesen wurde.

„Würdest du mir helfen?", stellte er flüsternd die Frage.

„Fragt sich, wie du dir das vorstellst?", kam ebenso leise die Antwort, wobei sich sein Gegenüber vorsichtig nach allen Seiten umsah.

Der schnarchende grauhaarige Mann neben ihm in der Ecke hatte das Gesicht zur Wand gedreht und auch die auf der gegenüberliegenden Bank sitzenden schwatzenden Frauen hatten von dem leise geführten Gespräch nichts mitbekommen.

Alle die Leute, die in den Gängen standen, hatte jeder seine eigenen Probleme.

So schien es jedenfalls.

Er beugte sich vor und schilderte mit gedämpfter Stimme seinen noch ganz wagen Plan: „Wir müssen es in einer Gegend ausführen, die als Niemandsland gilt ... und da kommt nur das Grenzgebiet zwischen der Ost- und der Westzone infrage – Das ist meine Meinung."

„Da hast du Recht. Hier herrscht noch immer eine gewisse Gesetzlosigkeit."

„Und dann müssen wir uns solche Frauen aussuchen, die illegal diese grüne Grenze überschreiten wollen und solche, die keine Angehörigen mehr haben, die ein Niemand sind. Das alles zusammen macht dann unseren Plan absolut sicher!"

„Gewiss! Du hast Recht. Im Grenzgebiet verschwinden die Menschen auf Nimmerwiedersehen und kein Hahn kräht mehr nach ihnen."

Ort und Objekt der Tat waren somit festgelegt. Der junge dickliche Mann mit der Nickelbrille, dem es nach seiner perversen sexuellen Befriedung gierte, hatte sich von der Tatsache leiten lassen, dass zwischen dem Opfer und dem Täter keine Beziehung bestehen durfte. Also: Eine unbekannte Person willkürlich ausgewählt, würde ihn nicht als Bezugsperson des Opfers ins Visier der Ermittlungsbehörde geraten lassen. Das reale Verhalten der Opfer und deren Anonymität entsprachen seiner Vorstellung für die Umsetzung des mörderischen Vorhabens.

„Wir müssen uns von Anfang an darüber klar sein, wie wir deren Habseligkeiten aufteilen und wer welche Handlungen bei den geplanten Vorhaben ausführt."

Der Ältere dachte sich das so und gab sofort seine Meinung kund: „Ich bekomme, was die Opfer an materiellen Werten bei sich haben und du kannst deine sexuellen Fantasien befriedigen."

„Damit bin ich einverstanden", kam irgendwie erleichtert die Antwort des Gegenübersitzenden.

Wie schnell hatte doch ein Schattenplan Farbe und Gestalt angenommen.

„Und womit soll ich den Kopf einschlagen?"

„Was gerade zur Hand ist, ein Hammer, eine Axt oder auch ein Stein. Zur Not habe ich immer noch mein Messer." Mit dem Messer meinte er eine Stichwaffe, die er als ehemaliger Fallschirmjäger aus dem Krieg mitgebracht hatte.

Der nach Sex Besessene drängte den fixierten Plan zu präzisieren, detaillierter festzulegen. In seiner Fantasie sollte es nach einem inneren Drehbuch, wie in einem Film ablaufen, bei der Realisierung seiner sadistischen Grausamkeiten und der Beherrschung des weiblichen Geschlechts zu seiner sexuellen Befriedigung.

„Ein zu genauer Plan kann leicht schief gehen, beim geringsten Zufall, der vorher nicht bedacht worden ist. Die Einzelheiten müssen wir der jeweiligen Situation überlassen."

„Wenn du das meinst!", kam zögernd die Antwort.

„Ja, ich meine das und bin davon überzeugt, dass alles andere in die Hose gehen kann."

„Bist du dir da wirklich sicher?"

„Ja und ob ich mir da sicher bin!"

„Nun gut, ich bin einverstanden! Wichtig ist für mich, dass sich der Plan in der Realität anwenden lässt!"

„Das wird er, du wirst es schon sehen!"

*

Von der hektischen Betriebsamkeit, die in der Redaktion einer bekannten Südharzer Tageszeitung herrschte, ließ sich der etwa 1,65 Meter große drahtige Mann nicht anstecken. Er saß an einem der beiden abgenutzten Schreibtische, die gegeneinandergestellt waren und blätterte in den neben der alten Adlerschreibmaschine liegenden Zeitungen. Seine Aufmerksamkeit galt den Artikeln über verschwundene Frauen bzw. aufgefundenen Frauenleichen im Harzer Grenzgebiet. In der letzten Zeit häuften sich hier dubiose Morde. Die

Tatorte konzentrierten sich auf das Himmelreich und den rund 260 Meter langen Eisenbahntunnel zwischen Ellrich und Walkenried.

Bei seinen Überlegungen über diese Morde war er letztendlich zu dem Schluss gekommen, dass dies kein Zufall sein konnte.

Jörg Seedow glaubte ein bestimmtes Muster feststellen zu können, und dies wies auf einen Serienmörder hin. Jedoch fehlte ihm bisher jeder Beweis dafür. Ihm war klar, dass die Situation an der Grenze kriminelles Gesindel anzog. Neben der Bezahlung als Grenzführer wurde für diese das Geschäft noch erträglicher, indem sie die Kunden beim Überqueren der Grenze umbrachten und sich deren Habe aneigneten.

Aber ein Serienmörder?

Und wo sollte der herkommen?

Jörg Seedow schaut von der vor ihm liegenden Zeitung auf und blickte zum Glaskasten hin.

Glaskasten nannte man das Büro des Chefs. Hinter der nur angelehnten Tür hörte er die erregte Stimme des Chefredakteurs. Der schien sich mit einem Gesprächspartner, mit dem er gerade telefonierte, zu streiten. Auf jeden Fall klang seine Stimme recht aufgeregt.

Jörg Seedow ließ der einmal gefasste Gedanke über einen möglichen Serienmörder, der sein Unwesen im Grenzgebiet trieb, keine Ruhe mehr. Er musste unbedingt mit dem verantwortlichen Chefredakteur darüber sprechen. Aber war das jetzt günstig?

Eine Viertelstunde lang saß er einfach nur noch an seinem Schreibtisch, blätterte in den Zeitungen auf der Suche nach weiteren Hinweisen und versuchte dabei seine Gedanken zu ordnen. Schließlich gab er sich einen Ruck und murmelte vor sich hin: „Was soll's, ich gehe jetzt zum Chef. Mehr als mich nicht anhören, kann er nicht."

Seedow stand auf, raffte die Zeitungen zusammen, klemmte diese unter den Arm, ging um den Schreibtisch herum in Richtung des Glaskastens.

Der eine und andere Kollege schaut kurz auf, als er an ihren Schreibtischen vorbei ging.

„Willst wohl zum Alten?", stellte ihm einer die Frage.

Ohne weiter darauf zu reagieren, klopfte er kurz gegen die Glasscheibe der nur angelehnten Tür, mit der Aufschrift *Chefredakteur* und betrat ohne eine Antwort abzuwarten den Raum.

Der am Schreibtisch sitzende etwas füllige Mann mit schütteren Haaren hatte gerade unwillig den Telefonhörer aufgelegt, blickte kurz auf und sprach unwirsch: „Was wollen Sie denn schon wieder, Seedow?"

„Bin einer großen Sache auf der Spur."

„So, Sie sind wieder mal einer großen Sache auf der Spur. Sicherlich wieder nur so ein Hirngespinst von Ihnen! Na ja, von euch jungen Burschen kann man ja auch weiter nichts anderes erwarten."

„Diesmal ist es wirklich eine große Sache, Chef!"

„Nun reden Sie schon!", sagte dieser, immer noch skeptisch blickend.

Seedow breitete auf dem Schreibtisch seine Zeitungen aus, zeigte auf die angekreuzten Artikel, wobei er darauf hinwies: „Chef, das sieht mir ganz nach einem Serientäter aus."

„Ich hab doch schon immer gesagt ihr jungen Burschen seht überall Gespenster!", antworte er, dabei umspielte seine Mundwinkel ein leichtes Lächeln und er schaute Seedow mit spöttisch blickenden Augen an.

„Chef, das sind keine Hirngespinste. Ich habe Recht, alle die Fakten hier erhärten doch meinen Verdacht."

Nach einer zehnminütigen Diskussion, in der es mal laut, mal leise hin und her ging, konnte Seedow seinen Chef endlich davon überzeugen, dass er sich mit der Sache befassen durfte.

Seedow, obwohl noch jung an Jahren, wusste aus eigener Erfahrung, dass die Wirren nach dem Zweiten Weltkrieg ein optimaler Boden für zwielichtige Gestalten war.

Tausende überquerten illegal die Grenze der Besatzungsmächte, deren Verlauf weiß markierte Holzpfähle oder Farbstreifen an den Bäumen kennzeichnete, um nie mehr zurückzukehren.

Bild 3: Illegale Grenzgänger auf dem Weg von hüben nach drüben.

Von dieser Tatsache hatte sich auch der Chefredakteur leiten lassen, als er Jörg Seedow die Genehmigung für die Suche nach handfesten Beweisen, die dessen Vermutungen untermauern sollten, bewilligte.

„Seedow, ich glaube diesmal könnte an der Geschichte etwas dran sein. Wem fällt es in der heutigen Zeit schon auf, wenn einer der Grenzgänger ein blutiges Ende findet?", lenkte der Chefredakteur ein.

„Ist doch meine Meinung. Das mit dem Serienmörder würde auch das Verschwinden und die Ermordung der vielen Frauen in der letzten Zeit erklären, die die Grenze von West nach Ost und von Ost nach West illegal überquerten."

„In Ordnung Seedow, beschäftigen Sie sich mit den Fällen, aber erst wenn die laufenden Aufgaben abgeschlossen sind. Ist das klar?!"

„Alles klar Chef!"

Mit den Worten „Gehen Sie schon … Aber Sie halten mich ständig auf dem Laufenden!" war Jörg Seedow entlassen.

Zurück an seinem Schreibtisch machte er sich sofort an die Arbeit. Bei dem Studium der bereits vorhandenen Unterlagen und nach den letzten Auskünften, die er von den zuständigen Polizeidienststellen erhielt, stieß er immer wieder auf die Tatsache, dass kriminelles Gesindel die hilf- und schutzlose Situation der Grenzgänger ausnutzte. Deutlich zeichnete sich ab, dass die Mörder ihre brutalen Gewalttaten ziemlich gefahrlos verüben konnten, wenn die Opfer alleinstehende Menschen waren, die niemand vermisste oder die etwas zu verbergen hatten oder gar auf der Flucht waren.

In eine Karte des Südharzes zeichnete Jörg Seedow die Fundorte ein, an denen in den letzten Wochen und Monaten Frauenleichen gefunden wurden. Als er damit fertig war, betrachtete er die Karte genau und stellte eine Konzentration der Fundorte zwischen Ellrich und Walkenried, in Vienenburg sowie in der Umgebung der oberfränkischen Stadt Hof fest.

Warum war denn der Polizei diese Tatsache noch nicht aufgefallen?, stellte er sich im Stillen die Frage.

Jörg Seedow konnte sich das nur so vorstellen, dass man bisher versäumte die Fälle miteinander zu vergleichen. Die Ursache hierfür sah er in der unzureichenden Zusammenarbeit, die zwischen den einzelnen Polizeibehörden bestand, geschweige der fehlenden ermittlungstechnischen und standardisierten Methoden zur Aufklärung der Morde. An eine unzureichende Sicherung oder sogar einem Verschlampen von Beweismaterial wollte er erst gar nicht denken.

Sein Entschluss stand fest, an einem dieser Orte, die er auf der Karte eingezeichnet hatte, musste er mit seinen Ermittlungen beginnen.

Es stand nur noch die Frage: an welchem?

Aber erst einmal suchte Seedow in den Mittagsstunden die nächste Polizeibehörde auf, um von einem der leitenden Herren etwas Näheres über die Frauenmorde zu erfahren.

Die vier Dienst tuenden Beamten hatten alle Hände voll zu tun. Die Telefone klingelten. Flüche von festgenommenen Personen schwirrten durch den Raum, in dem eine stickige Luft herrschte.

Zwei Polizeibeamte führten einen etwa 16-jährigen blonden Burschen in Handschellen herein. Die Polizisten hatten Mühe ihn festzuhalten. Einer der Beamten berichtete: „Wir haben diesen Burschen beim Einbruch in einen Juwelierladen erwischt! Er weigert sich, seinen Namen zu nennen!"

Während Seedow auf der Bank im Flur darauf wartete vorgelassen zu werden, machte er lange Ohren. Aber bevor er mehr erfahren konnte, hatten die beiden Beamten, die sich auf dem Flur über die sich häufenden Morden an jungen Frauen unterhielten, die Tür hinter sich zu gemacht.

Nach einer halben Stunde teilte ihm einer der Beamten mit, dass der Chef heute keine Zeit für Journalisten habe. So musste Jörg Seedow unverrichteter Dinge wieder abziehen und war in seinen Ermittlungen vollständig auf sich allein gestellt.

Was soll's?

Da Walkenried am nächsten von Bad Lauterberg lag, beschloss er, dort mit seinen Ermittlungen direkt vor Ort zu beginnen. Es hatte sich herumgesprochen, das Walkenried als Umschlagplatz zwischen Ost und West eine große Rolle spielte. Hier strömten die Menschen zwischen Walkenried und Ellrich über die Grenze.

Flüchtlinge und Schwarzhändler.

Für die einen war Walkenried das Tor zum Westen, für die anderen der Ausgangspunkt für Grenzübertritte in Richtung Osten.

Der Nährboden für zahlreiche Verbrechen, Schwarzhandel, Räuberei, Diebstahl und Mord standen auf der Tagesordnung. Unterschlagung und Betrug entfalteten sich hier zur vollen Blüte.

Wer aus dem Hinterland mit der Bahn in Walkenried mit Rucksäcken, Koffern, Eimern oder Taschen ankam, der wollte so schnell wie möglich „drüben" die Fahrt mit dem Zug fortsetzen. Die illegalen Grenzgänger verzichteten auf Interzonenpässe, mieden die Grenzkontrollpunkte, um Gepäckkontrollen zu umgehen.

Ähnlich war die Situation auf den Ellricher Bahnhof.

So bildeten sich schnell zwischen den beiden Bahnhöfen viel begangene Routen heraus.

Hier, wo ein Eisenbahntunnel zwischen den beiden Besatzungszonen durch einen Berg führt, hoffte Jörg Seedow eine erste brauchbare Spur des vermutlichen Serienmörders zu finden. Es sollten jedoch noch Wochen vergehen, ehe er seinen Entschluss in die Tat umsetzen konnte.

Die beiden Männer aus dem Zug nach Magdeburg hatten Tage

später illegal die sowjetisch-britische Zonengrenze überschritten und ihre eigentlichen Dienstaufträge erledigt. Es handelte sich um „*Geschäfte*" in Hamburg, wo der Schwarzmarkt ebenso florierte wie in den anderen deutschen Großstädten.

Hamsterware, Schwarzmarktgeschäfte und Kompensationsware waren zu viel gebrauchten Begriffen in der Nachkriegszeit geworden. Neben dem rationierten Angebot mit festgeschriebenen niedrigen Preisen in den Läden diktierte die ungeheure Nachfrage den Verkaufs- und Tauschwert aller frei angebotenen Waren.

Auf dem Rückweg fuhren sie bis Mattierzoll südöstlich von Wolfenbüttel, wo ein reger illegaler Personenverkehr über die Grenze herrschte.

Das Chaos der Kriegs- und Nachkriegszeit hatte in Deutschland eine neue Volkswanderung hervorgebracht. Die schiere Not zwang viele, durch Handel und Tausch von Lebensmitteln den Lebensunterhalt mit dem Überschreiten der Zonengrenze zu verdienen oder sie besuchten Verwandte und Freunde, die aufgrund der Aufteilung Deutschlands in den verschiedenen Besatzungszonen im Osten oder Westen wohnten.

Bild 4: Sicherung der Grenze zwischen Ost und West mit Zäunen aus Stacheldraht (1946).

Es war ein einträgliches Geschäft für die so genannten Führer bei dem zurzeit herrschenden Chaos an der Demarkationslinie, die sich darauf spezialisiert hatten, ihre Dienste gegen hohes Entgelt anzubieten.

Auf der Westseite patrouillierten die Briten, auf der Ostseite standen die Sowjetsoldaten mit schussbereiten Maschinenpistolen.

Für ihren geplanten Mord hatten die beiden sich die nördlich vom Waldgebiet des Fallensteins liegende Bruchlandschaft ausgesucht. Dieses zog sich bis zum Bruch von Roklum in die englische Zone hin. Hier, in der stillen unwegsamen Einöde, wollten die beiden den Mord begehen.

An der Grenze endeten alle Straßen vor dem Schlagbaum und alle Züge auf dem Grenzbahnhof. Seit der Abtretung der Gebiete Thüringen und Sachsen an die Sowjetunion im Mai 1945 war der Zugverkehr vollständig zum Erliegen gekommen. Wer aus welcher Richtung auch immer über die Grenze wollte, musste den Zug verlassen und die Grenzlinie zu Fuß auf versteckten Grenzpfaden überqueren.

Die beiden erreichten in den späten Nachmittagsstunden das Grenzgebiet. Auf dem Grenzbahnhof verließen sie den voll besetzten Zug und liefen an der nach Börßum führenden Bahnlinie entlang.

Zwischen den Schienen und Schwellen wucherten Gestrüpp und Unkraut. Rost fraß sich bereits in den Stahl des Eisenstranges.

Nachdem die beiden die Ortschaft verlassen hatten, überquerten sie die Eisenbahnschienen, schlugen die Richtung zur Zonengrenze ein, die sie auf Schleichwegen überquerten, immer darauf bedacht nicht von einem der patrouillierenden Posten erwischt zu werden.

Leise unterhielten sich die beiden Männer über die bevorstehende Tat.

„Hoffentlich geht alles glatt … "

„Warum soll nicht alles glatt gehen? Das Gelände ist für unser Vorhaben hier doch geradezu ideal. Wir brauchen nur noch das notwendige Objekt."

„Aber ich bekomme die Frau!"

„Natürlich bekommst du wie abgemacht die Frau, denn was soll ich mit der? Mir reicht es, wenn ich ihr Hab und Gut bekomme."

Stundenlang liefen sie kreuz und quer auf Wald- und Wiesenwegen durch das Sumpfgebiet, ohne auf die erhoffte „ *Beute* " zu treffen.

„So, wie es aussieht, werden wir heute kein Glück mehr haben ein Opfer für unsere Vorhaben zu finden. Das heißt, dass ich meine sexuelle Lust nicht befriedigen kann … So ein Mist!"

„Na und? Aufgeschoben ist nicht aufgehoben. Wirst es wohl noch aushalten können."

„Du hast gut reden!"

Schlammige Wege, mit brackigem Wasser gefüllte Gräben und überschwemmte Wiesen überall, wohin sie auch die Beine trugen.

Hin und wieder wehte ein sanfter Windstoß durch das trockene Schilf und ließ die schwarzbraunen Schilfkolben leicht in der schwachen Brise hin und her schwanken.

Die beängstigende Stille wurde dann und wann durch das Zwitschern eines Vogels in den Bäumen oder durch das Rascheln eines Tieres im dichten Gestrüpp unterbrochen.

Missmutig trotteten die beiden durch die Ödnis. Die karge Brotration war längst aufgezehrt. Und da war auch noch der andere Hunger, der sie quälte – der Hunger nach einem Opfer, das sich bisher nirgends blicken ließ.

„Komm, lass uns umkehren. Es hat doch heute sowieso keinen Zweck mehr."

„Noch eine halbe Stunde, dann kehren wir um."

Die Abenddämmerung kroch am Himmel empor und es wurde immer schwieriger sich in der zunehmenden Dunkelheit zu orientieren.

Die Schatten der Bäume am Wegesrand wurden länger und länger.

Sie waren ja selbst fremd hier und wussten nicht mehr genau, wo sie waren, auf der Seite der Sowjets oder schon in der englischen Zone.

„Das fehlt uns jetzt noch, dass wir uns verlaufen!"

„Wir verlaufen uns schon nicht."

„Wie auch immer, wir müssen nach Osterwieck zurück."

Nach der nächsten Wegbiegung kam ihnen eine Person entgegen, die sie aufgrund ihrer angeregten Unterhaltung erst nicht bemerkten.

Der jüngere mit der Nickelbrille auf der Nase erblickte sie zuerst und sagte: „Sei mal still!"

„Warum?"

„Dort kommt uns wer entgegen."

In der hereinbrechenden Dämmerung war gerade noch zu erkennen, dass es eine Frau war.

„Na endlich!"

„Sei still."

„Sieh mal, endlich eine Frau!"

„Sei still!"

Es war eine Grenzgängerin, die sich den beiden auf dem Waldweg näherte. Als sie die Männer erblickte, blieb sie kurz stehen, schritt dann aber zögernd auf diese zu. Die Frau hatte auf dem Rücken einen Rucksack, der ziemlich schwer sein musste. Man sah es ihr am leicht gebeugten Gang an, dass sie ganz schön schleppen musste.

Es bestand kein Zweifel, sie wollte über die Grenze.

Ein spätes *„Jagdglück"*.

Die beiden gingen, sich möglichst unbefangen gebend, der Frau entgegen.

„Guten Tag, junge Frau!", grüßte der eine.

„Wohin soll es denn gehen?", wollte im gleichen Atemzug der andere wissen.

„Ich will in die englische Zone", antwortete die Frau zögernd.

Die beiden Männer sahen sich kurz an, bevor der eine lachend antwortete: „Aber von dort kommen Sie doch liebe Frau. Sie haben sich verlaufen".

„Kennen die Herren denn etwa den Weg?", wollte die Frau wissen und schaute diese dabei besorgt an.

„Was für eine Frage, natürlich kennen wir den Weg!"

„Nur keine Angst, liebe Frau!"

„Da bin ich ja erleichtert."

Während des Gespräches taxierten die Männer die weibliche Person mit verstohlenen Blicken.

Die Frau, vielleicht zweiunddreißig, nicht hübsch, nicht hässlich, etwas unförmig durch die dicke Kleidung, denn sie trug zwei Mäntel übereinander. Und erschöpft von dem zurückgelegten Marsch und dem schweren Rucksack war sie ebenfalls.

Die beiden Männer brauchten jetzt nicht mehr zu reden. Es war ja bereits alles geklärt und die Rollen festgelegt, die jeder von ihnen zu spielen hatte. Es war für jeden etwas, denn es war ein Weib und sie schien reichlich Gepäck bei sich zu haben.

„Folgen Sie mir! Ich kenne eine Abkürzung, in einer Viertelstunde sind wir über die Grenze", wandte sich der ältere, hagere Typ leutselig an die Ahnungslose.

Die Frau war froh, dass ihr Irrweg so bald enden sollte, und schritt ohne Argwohn mit dem Mann vorneweg. Dabei erzählte sie ihm: „Ich will noch einmal in meine Wohnung jenseits der Grenze zurückkehren, um Sachen zu holen. Mein Kind habe ich solange bei den Großeltern gelassen".

Der jüngere, der einige Meter hinterher ging musste nun schnell handeln, denn es wurde zusehends dunkler. Er legte einen Schritt zu, und als er jetzt dicht hinter den beiden war, bekam er auch das Gespräch mit, was die beiden vor ihm führten. Er lauschte nur mit halbem Ohr der Unterhaltung zu, denn ihn beschäftige vielmehr die bevorstehende Tat. Er konnte es immer noch nicht begreifen, dass es gleich soweit sein sollte. Zögernd griff er in die Aktentasche und tastete nach dem Griff der Axt. Kaum hatte er den glatten Holzstiel erfasst stieg eine Welle der Erregung in ihm empor. Jetzt, wo der ersehnte Augenblick so nah war, spürte er zugleich Angst, seine Erregung könnte keine Erfüllung finden, durch irgendeinen dummen Fehler. Schließlich war es ja sein erster Mord an einer Frau. Als ihm in den Sinn kam, dass sein Spießgeselle ja ein Fallschirmjägermesser bei sich hatte, wurde er ruhiger. Er zog die Axt vorsichtig, jedes Geräusch vermeidend aus der Tasche. Aufkommende Erregung, die Ahnung eines Vergnügens begann in ihm hochzusteigen.

In diesem Moment schaute sich die Frau um.

Erschrocken verschwand die Hand mit der Axt wieder in der Tasche.

Die Frau schien nichts bemerkt zu haben, denn sie setzte unbekümmert die Unterhaltung fort.

Erneut wurde die Axt vorsichtig, jedes Geräusch vermeidend aus der Tasche gezogen. Mit dem rechten Arme ausholend traf das Beil mit der stumpfen Seite die ahnungslose Frau von hinten auf den Kopf.

Knirschendes Geräusch!

Ein jämmerlicher Schrei!

Der zweite Hieb folgte. Und wieder das knirschende Geräusch von brechenden Knochen.

Blutüberströmt brach die Frau lautlos auf dem Waldweg zusammen.

Überrascht schaute der Mörder auf den am Boden liegenden Körper. Er konnte es im ersten Moment nicht fassen, dass es so einfach war. Wie dünn musste doch die Schädeldecke der Frau gewesen sein?

Er wollte das Weib doch nur bewegungsunfähig machen und dann missbrauchen. Jetzt lag das Opfer tot vor ihm. Obwohl, ihr Tod war ja eingeplant.

Mit sich steigernder Erregung drehte er die Gestalt auf den Rücken. Als er die Frau so vor sich liegen sah, explodierte es in ihm mit einer Gewalt, von der er selbst überrascht war. Erneut hob er die Axt empor und schlug zu. Mit einem Hieb spaltete er das Gesicht. Blut spritzte auf sein Hemd und seine Hose.

Mit den Worten: „Kannst du nicht warten, musst du alles mit Blut besudeln?", zerrte sein Kumpan der Toten den Rucksack vom Rücken und durchsuchte ihn, mit der Hoffnung reiche Beute gemacht zu haben.

Ohne auf den Vorwurf des Älteren zu achten kniete der Mörder neben der Leiche nieder, riss ihr den Mantel auf, dass die Knöpfe davonflogen. Gleiches geschah mit dem Kleid und der Unterwäsche der Frau.

Seine Hände, die voller Blut waren, zitterten vor Erregung.

Als dann der nackte Busen vor ihm lag, gab es für ihn kein Halten mehr. Die Finger krallten sich mit brutaler Gewalt in den Unterleib, in die Brüste der Leiche.

Seine Hände ballten sich zu Fäusten.

Er zitterte am ganzen Leib.

Der hochrot angelaufene Kopf verriet höchste Erregung.

Die Beine zitterten und er hatte seinen Körper nicht mehr unter Kontrolle. Wie ein Wahnsinniger schlug er auf die Frau ein und er erlebte einen Rauschzustand, der ihn so befriedigte, dass er nach kurzer Zeit zum Samenerguss kam.

„Zufrieden?"

„Ja, ich bin zu frieden!"

„Aber ich nicht, die Frau hatte nichts Wertvolles in ihrem Rucksack, nur Wäsche. Was soll ich damit?"

„Da kann ich aber nichts dafür. … Was machen wir jetzt mit der Leiche?"

„Wir werfen sie einfach in den nächsten wasserführenden Graben am Straßenrand!"

Es schien für die beiden im Moment der geeignetste Platz zu sein. Sie beeilten sich die Tote mit Gras und Schilfrohr zuzudecken.

In der Eile übersahen sie, dass sie ein Knie des Opfers nicht bedeckten.

„So einfach habe ich mir den Mord nicht vorgestellt. Siehst du, unser Plan ist aufgegangen!" Der Mörder streckte seine Hand aus und setzte fort: „Danke für deinen Beistand. Wir sollten jetzt einen Schwur ablegen, einander niemals zu verraten."

Sein Gegenüber ergriff die Hand und antwortete: „Niemals!"

Vor Verlassen des Tatortes wurde das blutverschmierte Beil wieder eingesteckt. Man konnte ja nicht wissen, ob man es bald wieder brauchen würde.

Diese Tat reihte sich in die Zahl der Gewaltverbrechen ein, die sich in den letzten Tagen, Wochen und Monaten im Grenzgebiet abspielten, nur dass diesmal ein Lustmörder am Werke war, der es auf alleinstehende Frauen abgesehen hatte. Der Raubmörder, der ihn oft bei den gemeinsamen Taten begleitete, hatte es nur auf die materiellen Werte der Opfer abgesehen. In den nächsten Wochen und Monaten sollte sich die blutige Spur ihrer grausamen Taten durch das Grenzgebiet im Südharz ziehen.

Auf Jörg Seedows Schreibtisch flatterte die Meldung über einen Frauenmord. Die Polizei hatte eine Information über einen grauenhaften Mord erhalten, der im Bruch Roklum, nahe dem Grenzübergang Mattierzoll, geschah. Aus dem Tatbefund, der mit mehreren klaffenden Kopfwunden aufgefundenen Person ging hervor, dass die Frau vergewaltigt und ausgeraubt wurde. Die Polizei konnte zwar das Opfer als Erika Miehe identifizieren und feststellen, dass diese Verwandte in der sowjetischen Besatzungszone besuchen wollte, vom Täter jedoch fehlte jede Spur. Das Ermittlungsverfahren wurde daher vorläufig eingestellt.

Der Gedanke ließ Jörg Seedow einfach nicht los, dass dieser Frauenmord im Zusammenhang mit den anderen Frauenmorden stehen musste.

Aber warum im Bruch von Roklum?

Sollte auch hier das Betätigungsfeld des Serienmörders liegen?

Jörg Seedow fand keine schlüssige Erklärung und so machte er sich am nächsten Tag auf den Weg.

Er verließ Bad Lauterberg in den frühen Morgenstunden und wollte erst nach Roklum fahren, entschloss sich aber dann für Walkenried.

In seiner „Normal-Limousine", so wurde der Opel Kadett I in der üblichen Umgangssprache genannt, ging es vorbei an grünen Wiesen und goldgelben Feldern.

Die Reifen surrten über den Asphalt der Straße, der an vielen Stellen große und kleine Schlaglöcher aufwies.

Nach Bad Sachsa schlängelte sich die Landstraße durch den Wald.

Zwischen den Bäumen dichtes Unterholz.

Hin und wieder führte von der Landstraße ein Waldweg zwischen den hohen hölzernen Stämmen in die Tiefe des Waldes hinein.

Durch das Blätterdach blinzelten nur ab und zu die Strahlen der Sonne hindurch.

Es herrschte eine angenehme Kühle.

Dann und wann drang das sanfte Gurren der Waldtauben an sein Ohr. Wieselflinke Eichhörnchen schauten neugierig von den dicht belaubten Rotbuchen hinab, unter denen die Straße hinführte.

Hier und dort fanden Hasen, oder waren es wilde Kaninchen, Schutz im kühlen Schatten der Bäume und des Gesträuchs. Sie hatten sich zu Pelzkugeln zusammengerollt, von denen sich nur die Ohren abhoben. Vom Geräusch des 1,1-Liter-Ottomotors aufgeschreckt ergriffen die Kaninchen die Flucht. Sie hasteten, die weißen Schwänzchen hoch in die Luft gestellt, über bemooste Wurzeln durchs dichte Unterholz im Zickzack-Kurs davon.

Für all diese Herrlichkeiten der Natur hatte Jörg Seedow keinen Blick, in Gedanken beschäftigte er sich mit ganz anderen Dingen.

Nichts Böses ahnend brach am Waldrand Mutter Wildschwein durch das Dickicht. Sieben ringelschwänzige, zebrastreifige Frischlinge, erst wenige Tage alt, trabten im Gänsemarsch hinterher.

Pralles Leben überall.

Bienen summten und Hummeln brummten auf den Sommerwiesen. Hier in der Nähe der Kühle des Waldes war die Luft erfüllt vom Fiedeln und Schnarren, Zirpen und Knarren der Heuschrecken. Aufgeregt flatterten bunte Schmetterlinge von Blume zu Blume. Dort labte sich ein leuchtend gelber Zitronenfalter an der rosaroten Kleeblüte. Mit Riesensprüngen hetzte Meister Lampe über die blumenübersäte Wiese und flüchtete in Richtung des Waldes.

Über den Wiesen kreisten zwei Mäusebussarde. Ihre lang gedehnten „Hia"-Schreie waren weit zu hören. Unermüdlich segelten sie im sonnigen Himmelsblau.

Hier, auf der einen Seite das Leben in seinen vielfältigsten Formen, auf der anderen Seite die Gedanken Seedows über die bestialischen Frauenmorde, den Tod. In den Vermisstenkarteien der Kripo waren Namen von Männern und Frauen registriert, die über die Grenze unterwegs gewesen waren, aber nie ankamen oder zurückkehrten.

Wie ein schlängelndes Band wand sich die Straße durch einen Bestand aus Nadel- und Laubbäumen zwischen Bad Sachsa und Walkenried.

Wieder und wieder beschäftigte Jörg Seedow die Frage: Was würde ihn in Walkenried erwarten? Fand er endlich eine brauchbare Spur für die Identität des Serienmörders?

Das Gebrumm des 32 PS starken Motors und die leichten Erschütterungen des Sitzes, wenn der Wagen durch die Unebenheiten der Straße fuhr, rissen ihn immer wieder aus seiner Gedankenwelt in die reale Wirklichkeit zurück.

Die Straße verließ den Wald und vor ihm lag der Ort Walkenried, sein Ziel war der Bahnhof. Hier hoffte er einiges über den Mörder in Erfahrung zu bringen.

Die Strahlen der Sonne vergoldeten die Dächer der Ortschaft als er, nach der Betätigung des Winkers, das hieß der Fahrtrichtungsanzeiger klappte auf der rechten Seite nach oben, auf den Bahnhofsvorplatz einbog.

Das Walkenrieder Polizeirevier war längst auf 20 Mann angewachsen und dennoch konnten die illegalen Grenzübertritte hier an der Zonengrenze kaum gestoppt werden.

Bild 5: Der Walkenrieder Bahnhof, der Ende 1940er Jahre eine traurige Berühmtheit als Umschlagplatz zwischen Ost und West erlangte (2010).

Jörg Seedow verschloss die Türen seiner Cabriolet-Limousine und begab sich in Richtung der Bahnhofswirtschaft, die sich in dem nur wenige Meter vom Parkplatz entfernten Gebäude befand. Als er die verqualmte Schankstube betrat, empfing ihn ein Dunst aus Tabakrauch, Wein, Bier, ungewaschenen Menschen und abgestandenen Kochdünsten.

Schlagartig verstummten die Gespräche und Jörg Seedow wurde mit misstrauischen Blicken gemustert.

War er ein neuer Konkurrent in dem blühenden Schwarzmarktgeschäft oder war er gar ein Polizeispitzel?

Jörg Seedow war keins von beiden. Er war ein ganz normaler Journalist, der sich auf Spurensuche nach einem Serienmörder befand.

An den mit Bierpfützen übersäten, einstmals blankgescheuerten Holztischen saßen in einzelnen Gruppen zwielichtige Gestalten, zerlumpte Grenzgänger, auch Frauen, die entweder illegal über die Grenze wollten oder dem leichten Gewerbe nachgingen.

Sich in dem überfüllten Raum umsehend erspähte Jörg Seedow einen freien Platz an einem runden Tisch, der in unmittelbarer Nähe des Fensters stand, durch das man kaum einen Blick ins Freie werfen konnte. Es schien nicht nur Monate, sondern jahrelang nicht geputzt zu sein.

Den Eindruck, den das Fenster hinterließ, hinterließ die ganze Gaststätte.

Verdreckt und versifft.

Als Jörg Seedow sich durch die Tischreihen schlängelte, um den freien Platz am Fenster zu erreichen, wurden die Gespräche an den Tischen fortgesetzt.

„Darf ich?" Ohne eine Antwort abzuwarten, setzte er sich auf den freien Platz.

Er wurde erneut, und diesmal von den drei zwielichten Gestalten, die bereits am Tisch saßen, mit argwöhnischen Blicken gemustert.

Nach kurzem Schweigen setzten diese im Flüsterton ihr Gespräch fort, dabei streiften immer wieder ihre misstrauischen Blicke Jörg Seedow.

Es war sicherlich nichts Gutes, was die drei vorhatten.

Leises und lautes Stimmengemurmel schwirrte durch den Raum.

Schweigend lauschte Jörg Seedow dem etwas lauter geführten Gespräch am Nachbartisch.

Nach den üblichen Unterhaltungen über das Wetter, die Ernteaussichten drehte sich die Plauderei um die politischen Ereignisse und um die Situation an der Grenze.

In den ersten Jahren nach dem Krieg waren die meisten Menschen froh, mit dem Leben davongekommen zu sein. Die größten Sorgen bereitete die Beschaffung von Nahrungsmitteln. Auf die Lebensmittelkarten gab es nicht allzu viel. Es war zum Sterben zu viel und zum Leben zu wenig. Für die Kategorie *„Sonstiges pro Dekade"* auf der Lebensmittelkarte erhielt man z. B. 600 g Brot, 65 g Zucker, 165 g Fleisch, 100 g Nährmittel und 300 g Marmelade.

Plötzlich wurde Jörg Seedow hellhörig, am Tisch kam das Gespräch auf ein blutverschmiertes Beil, das Bahnarbeiter auf dem Walkenrieder Bahnhof gefunden hatten.

Sofort mischte sich Seedow in das Gespräch ein: „Wo wurde denn das Beil gefunden?"

„Was geht dich das an? Warum willst du das wissen?", kam sofort die misstrauische Antwort.

„Ich bin Reporter und beschäftige mich mit den Frauenmorden, die sich in der letzten Zeit im Grenzgebiet gehäuft haben."

„Also so einer bist du!"

„Ja, so einer bin ich!"

„Nichts für ungut. Von den rätselhaften Frauenmorden haben wir auch schon gehört, aber haben keine Ahnung, wer der oder die Täter sein könnten."

„Und was ist mit der blutverschmierten Axt?"

„Drüben auf der anderen Seite des Bahnhofes, wo in der Regel die Güterwaggons abgestellt werden, wurde diese von Bahnarbeitern gefunden."

„Konnte man feststellen, was das für Blut war, an der Axt? Stammte es von einem Tier oder gar von einem Menschen?"

„Woher sollen wir das wissen, wir sind doch nicht von der Polente?"

„Es konnte ja sein, dass ihr etwas wisst!"

Die an einem Nachbartisch allein sitzende Person hatte die Unterhaltung Jörg Seedows mitbekommen und mischte sich jetzt mit der

Bemerkung ein: „Es gibt da so ein Gerücht, dass es wohl Menschenblut gewesen sein soll."

„Ist doch alles Quatsch", meinte ein anderer.

Obwohl das Beil nirgendwo zugeordnet werden konnte entstanden zahlreiche Gerüchte und viele Vermutungen wurden geäußert.

„Gibt es denn hier Personen, die sich in dieser Hinsicht verdächtig gemacht haben?", wollte Jörg Seedow dann noch wissen.

Hier und dort nur ein Schütteln mit dem Kopf.

„In letzter Zeit schleicht hier immer ein kleiner dicklicher Mann mit einer Nickelbrille umher, unterhält sich nur mit einzeln stehenden Frauen und verschwindet dann wieder", meinte schließlich ein bärtiger Mann. Dieser hatte seine Zeitung zugeschlagen, in der er gerade gelesen hatte.

„Was ist denn daran so verdächtig?"

„Komisch ist schon, dass dann meistens die Frauen auch verschwunden sind."

„Kann denn einer von euch sagen, woher der Mann kommt, wohin er geht oder gar, wer er ist?"

„Nein, das wissen wir nicht!"

Für Jörg Seedow waren es die ersten Anhaltspunkte, die einer bisher schemenhaften Gestalt Konturen verliehen.

Bei dem anschließenden Besuch auf der Polizeidienststelle erfuhr er von dem diensthabenden Beamten über den Fund einer Frauenleiche im Waldgebiet bei Gudersleben. Hier fanden drei Holzfäller auf ihrem täglichen Weg zur Arbeit unter einem Holzstoß eine Leiche. Der Frau hatte man den Kopf eingeschlagen und danach musste diese mit einer unbeschreiblichen sexualen Gier missbraucht worden sein. Es gelang zwar der Kriminalpolizei, das Opfer zu identifizieren, der oder die Täter konnten jedoch nicht ermittelt werden.

Von der Tatsache, dass alles auf den Frauenmörder hinwies, nahm auch diesmal die zuständige Kriminalpolizei keine Notiz. Die Angelegenheit wurde als Einzelfall behandelt.

Davon ließ sich Jörg Seedow jedoch nicht beirren. Ihm war klar, dass er irgendwie auf der richtigen Spur war. Der kleine dickliche Mann mit der Brille musste doch irgendwann zu finden sein. Sein

Entschluss stand fest, sein nächster Weg würde ihn über die Grenze nach Ellrich führen. Er musste unbedingt die örtlichen Gegebenheiten kennen lernen, wo die Morde begangen wurden – also eine Tatortbesichtigung ohne momentanes Opfer und Mörder.

Er setzte sich in sein Auto, fuhr die wenigen Meter an der Bahnlinie entlang bis in die Nähe des Walkenrieder Klosters. Hier stellte er sein Auto ab. Plötzlich wurde im bewusst, wie heiß es im Wagen war. Die Sonne hatte die ganze Zeit auf das Stoffdach der Cabriolet-Limousine heruntergebrannt und den Fahrerraum aufgeheizt. Mit dem Unterarm versuchte er den Schweiß von der Stirn zu wischen. Aber bei der Hitze, die im Auto herrschte, war dies ein vergebliches Unterfangen. Der Schweiß lief ihm schließlich über die Stirn in die Augen. Er musste blinzeln, um noch etwas zu erkennen.

Nur gut, dass er nach kurzer Zeit sein Ziel erreichte.

Als er aus dem Personenkraftwagen ausstieg, begannen sich dicke schwarze Wolken am Abendhimmel zusammenzuballen, die schnell näher kamen. Es waren die drohenden Vorboten eines heraufziehenden Wärmegewitters.

Eine sonderbare Stille schien in der Luft mit einmal den Atem abzudrücken.

Blutkreislauf belastende Schwüle.

Lautlos schwebte ein großer Schwarm Krähen über das Auto dahin. Fast lautlos und mit sanftem Schlagen der schwarzen Schwingen ließen die schwarzen Vögel sich im Geäst der nahen Bäume nieder.

Jörg Seedow ließ sich von dem heraufziehenden Gewitter nicht beeindrucken. Im Gegenteil, es gab ihm die Gelegenheit die Grenze nach Ellrich unbemerkt zu überschreiten. Denn bei diesem Wetter würde kaum eine Grenzstreife unterwegs sein. Er nahm den Weg nach Ellrich auf sich, obwohl er wusste, dass ein illegaler Grenzübertritt strengstens verboten und nur mit einem Interzonenausweis legal möglich war.

Was tat man als Journalist nicht alles für seine Arbeit, denn er nahm eine mögliche Festnahme und Vernehmung in Kauf. Und wenn es ganz schlimm kam, sperrten ihn die Russen in einen ihrer verwahrlosten Gefängniskeller. Wenn sie dann noch erfuhren, dass er Journalist aus der Westzone war, gar nicht zum Vorstellen …!

Mittlerweile war die Abenddämmerung hereingebrochen, die durch die dichten Regenwolken noch beschleunigt wurde.

Der Weg führte ihn links den Berg hinauf über den Bahnkörper hinweg an dem ausgehöhlten Stamm der vom Blitz getroffenen Schusterbuche vorbei.

In der Wasserfläche des Itelteiches spiegelten sich die drohenden Gewitterwolken.

Der Weg schlängelte sich auf einen sich dahinwindenden Pfad durch das dichte Gestrüpp des Waldes. An einigen Stellen waren die Unebenheiten des Waldweges mit Kies ausgeglichen. Alte Eichen und Eschen, die zu beiden Seiten des Waldpfades wuchsen, schienen zum Leben zu erwachen. Die Kronen der Bäume waren so ineinander verflochten, dass man nur ab und zu das gespenstische Dunkel des Himmels erkennen konnte.

Die Wipfel der Bäume rauschten majestätisch in dem immer stärker werdenden Wind.

Seedow hatte sich entschlossen nicht den Weg durch den Eisenbahntunnel zu nehmen. Sicherlich erwarteten ihn auf der anderen Seite die Grenzposten der sowjetischen Besatzungszone. Die Wahrscheinlichkeit dafür war sehr hoch. Der ausgetretene Pfad führt ihn am Ufer des Itelteiches entlang, links das schliffige Ufer und rechts der steil emporsteigende felsige Hang des Himmelreiches. Am Ende des Teiches ging es dann einen mal flachen, mal steil ansteigenden Weg hinauf zum Hexentanzplatz. Von hier hatte man einen freien Blick auf die Zonengrenze und die Stadt Ellrich mit den weithin sichtbaren Türmen der Sankt Johanniskirche.

Plötzlich riss die Wolkendecke für einen Moment auf und der Vollmond erhellte den Kieselsteinweg. In etwa 20 Metern Entfernung erblickte Seedow einen Schlagbaum, der den weiteren Weg versperrte. Er blieb für einen Moment stehen, atmete ein paar Mal tief durch, bückte sich und kroch dann unter dem Balken, der rechts und links in einer Höhe von etwa einem Meter auf Holzpfählen ruhte, hindurch.

Schon ein komisches Gefühl, dass er sich nun in der Ostzone befand.

Und weiter ging es auf dem im Waldesdunkel liegen Weg. Er war vielleicht 15 Minuten gelaufen, da erreichte er eine kleine Waldschneise und erblickte am Ende derselben, gerade voraus, die Überreste des ehemaligen Lagers *„Erich"*, eines der schrecklichsten Außenkommandos des KZ Dora.

Von der Juliushütte aus lief Jörg Seedow an der Eisenbahnlinie entlang, spurtete über das freie Feld, nutzte den Weg zu der ehemaligen SA-Siedlung hinüber und lief den Pfad zum Burgbergcafé hinauf.

Vor ihm lag das Südharzstädtchen Ellrich. Noch deutlicher waren von hier am Nachthimmel die Zwillingstürme der Sankt Johanniskirche zu sehen.

Über das Himmelreich, an der Juliushütte vorbei, die Bahnlinie entlang über den Burgberg hatte Jörg Seedow Ellrich erreicht.

Bild 6: Blick auf Ellrich vom Hexentanzplatz aus. Hier sind die Türme der Sankt Johanniskirche nicht mehr zu sehen. Diese wurden wegen Baufälligkeit zu DDR-Zeiten abgerissen (Foto aufgenommen 2011).

Bild 7: Schlagbaum an der Demarkationslinie.

Weit und breit war an diesem Tage keine Grenzstreife weder auf der Ost- noch auf der Westseite zu sehen gewesen.

Hoffentlich wurde ihm auf dem Rückweg, das gleiche Glück beschert.

Wenn er nun schon einmal in Ellrich war, wollte er wenigstens in Erfahrung bringen, ob den Ellrichern etwas über die Frauenmorde bekannt war. Der einzige Weg hierfür war sicherlich der Besuch einer Gaststätte, um hier mit den Leuten ins Gespräch zu kommen. Er lief den steilen Pfad, den ein marodes Holzgeländer begrenzte, den Burgberg in die Stadt hinunter. Über holpriges Kopfsteinpflaster der Straßen ging es bis zum Marktplatz.

Keiner Menschenseele begegnete er. Sicherlich hatten sich alle, aufgrund des heraufziehenden Gewitters in ihre Häuser verzogen.

Noch bevor er den *„Schwarzen Adler"* betrat, verschwand der Mond endgültig hinter den dicken Gewitterwolken. Fern über den Harzbergen blitzte es hell hin und wieder auf, erhellte für einen kurzen Moment die schwarzen Wolken, das leise Grollen des Donners folgte.

Kaum hatte Jörg Seedow die Gaststätte betreten, fegten die ersten Sturmböen durch die Straßen der Stadt und pfiffen jaulend um die Häuser.

Er musste vorsichtig sein, denn in der sowjetischen Besatzungszone machte man kurzen Prozess mit Grenzgängern aus dem Westen. Wenn man erst einmal im Schüsslerheim, dem Quartier der Russen verschwunden war, war man denen auf Gedeih und Verderb ausgeliefert.

Die wenigen Gäste, die an den Tischen in der Gaststätte saßen, blickten nur kurz auf als Jörg Seedow den Raum betrat.

In der Ferne zuckten immer mehr helle Blitze auf und das Grollen des Donners schien näher und näher zu kommen.

Peitschende Windböen ließen die zwei hohen Tannen auf dem Marktplatz wie die Masten eines Seglers im Sturm hin und her schwanken.

Die ersten dicken Regentropfen klatschten gegen die Fensterscheiben der Gaststätte.

Ein greller Blitz flammte auf, wild gezackt und weit verästelt. Sein weißes Licht hatte nicht die Wärme der Sonnenstrahlen. Kalt und nüchtern machte er eine Momentaufnahme der hereingebrochenen Nacht.

Ein lauter Donnerschlag folgte, dann war nur noch das immer stärker werdende Rauschen des Regens zu hören.

Jörg Seedow setzte sich an einen der Tische, an dem ein einzelner Gast saß. Nachdem er diesem ein Bier spendierte, kam er mit ihm ins Gespräch. Anfänglich ging es um allgemeine Tagesthemen und vorsichtige Bemerkungen über das Verhalten der Russen unter der Ellricher Bevölkerung. Dann teilte ihm der Ellricher mit: „Im Stadtwald befinden sich eine Anzahl unbekannte Gräber, von denen bisher nie eins untersucht wurde."

„Und warum nicht?"

„Sicherlich wollten es die Russen nicht und unsere Polizei …", erhielt er flüsternd die Antwort.

Aber noch viel interessanter war für Seedow die Schilderung eines Mordfalls, der im Gebiet der „Schwangeren Jungfrau" geschah, einem Gedenkstein für ein ermordetes schwangeres Mädchen, das der eigene Freund im Dreieck Sülzhayn, Zorge und Ellrich erschlagen hatte.

Vor der Tat waren im Dorfkrug drei Männer mit einem gutmütigen, freundlichen, hilfsbereiten und jungen Mädchen beobachtet worden. Nach einer angeregten Unterhaltung hatten alle vier die Gaststätte Richtung der Wendeleiche verlassen. Einer der Männer soll eine Nickelbrille getragen haben.

Von ihnen wurde nie wieder etwas gesehen.

Den bereits in Verwesung übergegangenen Körper des Mädchens fand man ohne Kopf Wochen später im Gebüsch auf dem Gebiet der sowjetischen Besatzungszone. Auch hier stellte die Kriminalpolizei sexuelle Abnormitäten fest.

Die Frau wurde nach ihrer Ermordung vergewaltigt.

Bild 8: Blick auf Sülzhayn (alte Postkarte).

Den abgeschnitten Kopf des Mädchens fanden Wanderer erst Monate später im Wald oberhalb von Zorge. Diese ließen ihn aber liegen und machten auch keine Meldung. Spielende Kinder warfen schließlich den Kopf in die dahinplätschernde Zorge, sodass nicht zweifelsfrei geklärt werden konnte, ob der Kopf und der bereits früher auf der anderen Seite gefundene kopflose Frauenkörper zusammenpassten.

Immer deutlicher zeichnete sich für Jörg Seedow die pathologische Fixierung des Frauenmörders ab, die sich im Verlangen äußerte, die Opfer „umzuhauen", zu erschlagen und anschließend zu „bearbeiten", das hieß ihre Brüste brutal zu kneten, die Genitalien zu verletzen.

Und immer wieder tauchte dabei ein dicklicher Mann mit einer Nickelbrille auf.

Das war schon komisch!

Bis auf eine vage Personenbeschreibung hatte er jedoch immer noch keine konkrete Spur, wo der Serienmörder herkommen konnte, was für ein Landsmann er war.

Nach fortgeschrittener Stunde verließ Jörg Seedow den „Schwarzen Adler", bevor er die ausgetretenen Steinstufen zur Straße hinunter ging schaute er sich kurz auf dem Marktplatz um. Vor ihm ragten die beiden Tannen in den nächtlichen Himmel empor.

Wie es schien, brauchte er sich keine Sorgen zu machen. Es war alles ruhig. So machte er sich auf den Rückweg nach Walkenried.

Von der Gewitterfront war nichts mehr zu sehen, nur dunkle Wolken jagten noch am nächtlichen Sternenhimmel dahin. Ab und zu gelang es dem Mond mit seinem fahlen Licht hindurchzudringen. Hier und dort blinkten helle Sterne durch die dahinhetzenden Wolkenfetzen.

Es wehte ein feuchtwarmer Wind. Er kam Seedow wie eine frische Brise vor.

Nachdem er an der ehemaligen SA-Siedlung die Eisenbahnlinie überquerte, lief er nicht darauf achtend, wohin seine Füßen traten, den regennassen, mit kleinen und großen Pfützen übersäten Kiesweg entlang, der zum Eisenbahntunnel führte.

Von den Bäumen tropfte es nass herunter.

Dumpf hallten seine Schritte beim Durchqueren des Tunnels. Nach Verlassen des Stollens stieß er wieder auf den Weg, der am schilfigen Ufer des Itelteiches entlang führte. Als er endlich im Mondlicht hinter den schnell ziehenden Wolken die dunklen aufragenden Reste des Walkenrieder Klosters erkannte, atmete er erleichtert auf.

Bild 9: Blick auf den Burgberg von westlicher Seite aus. Rechts im Bild Häuser der ehemaligen SA-Siedlung (Foto von 2010).

Er setzte sich in sein Auto, betätigte den Anlasser. Nach kurzem Stottern sprang der Motor an. Kupplung tretend, den ersten Gang einlegend ging es auf den Rückweg nach Bad Lauterberg. Die Reifen des Autos surrten über den Asphalt der regennassen Straßen. Das Wasser in den Pfützen spritzte rechts und links zur Seite und die weißen Lichtkegel der Scheinwerfer, die sich in der Nässe widerspiegelten, rissen die Landstraße aus der Dunkelheit der Nacht.

Bäume eines Mischwaldes glitten vorbei, die in der Dunkelheit hinter dem Auto wieder in der Finsternis der Nacht verschwanden.

Die Armaturenbeleuchtung tauchte Seedows nachdenkliches Gesicht in ein bleiches Licht. Er musste erst einmal das gedanklich Verarbeiten, was er in Erfahrung gebracht hatte, ohne dabei nur im Geringsten zu ahnen, was sich nur wenige Tage später zwischen Walkenried und Ellrich abspielen sollte.

Die gleißenden Strahlen der Sonne meinten es an diesem Julitag besonders gut. Heiß brannten sie vom wolkenlosen Himmel herab und brachten die Luft über dem erhitzten Asphalt der Straßen zum Flimmern. Staubig schlängelten sich die Feldwege durch die weiten Auen, die im Grenzgebiet in der Regel an den Schlagbäumen endeten.

Das herrliche Sommerwetter stand im schärfsten Kontrast zu den zerstörten Häusern in den Städten, den hungernden Menschen, der Heimatlosigkeit Tausender und der Hoffnung von Millionen Menschen in Deutschland.

An diesem sonnigen Julitag war auch der junge dickliche Mann mit der Nickelbrille unterwegs. Bei ihm machten sich Kopfschmerzen, Schwindelgefühle und Depressionen breit. Die ersten Anzeichen für einen epileptischen Anfall. In seiner Kindheit und später als Seemann hatte er bereits an solchen Anfällen gelitten. Damals hätte nicht viel gefehlt und er wäre zwangssterilisiert worden. Aufgrund eines ärztlichen Gutachtens war gegen ihn auf der Grundlage der NS-Gesetzgebung ein Erbgesundheitsverfahren eingeleitet worden.

Im Nazideutschland wurden Erbkranke, zu denen man auch Epileptiker rechnete, unfruchtbar gemacht. Es kam nur nicht dazu, da wenige Tage vor dem geplanten Termin der Zwangssterilisierung die Operationssäle in Dresden und Chemnitz durch Bombenangriffe zerstört wurden.

Aufgrund seiner Übellaunigkeit und erhöhten Reizbarkeit war es an diesem warmen Sommertag zum Streit mit seiner Frau gekommen. Sie wollte nicht so, wie er es wollte, und lehnte kategorisch seine sexuellen Praktiken ab. Für sie war es abnormal, was ihr Mann da immer von ihr verlangte. Da spielte sie auf keinen Fall mehr mit.

„Du kannst mich mal. Da suche ich mir das, was ich brauche, eben wo anders!", hatte er seine Frau angeschrien, die Haustür hinter sich zugeworfen und verließ wutentbrannt das Haus. Er konnte es einfach nicht verstehen, warum sich seine Frau so entschieden gegen seine brutalen Praktiken zur Wehr setzte. Kein Wunder, dass sich bei ihm die Impotenz verfestigte. Da half auch kein Alkohol. Er kam einfach aus dem Teufelskreis Aggression und Impotenz nicht mehr heraus und geriet dabei in noch tiefere Enttäuschung.

Wegen verschiedener Unstimmigkeiten in seinen Abrechnungen hatte er sich mit dem Firmenchef zerstritten, die Stellung als Vertreter aufgegeben und betätigte sich nun auf eigene Rechnung als Schwarzmarkthändler und Grenzführer.

Seine marktwirtschaftlichen Spezialitäten waren Tauschgeschäfte mit Kämmen und alkoholischen Getränken aus der sowjetischen Besatzungszone gegen Räucherfisch, Zigaretten und Lebensmittel aus der Westzone.

Die Geschäfte gingen gut und er hatte stets die Taschen voll Geld. Seine Frau und auch die Bekannten ahnten nichts von den schaurigen Verbrechen, die er in diesem Zusammenhang verübte, um seine perfiden sexuellen Gelüste zu befriedigen.

Nach seinen Schwarzmarktgeschäften saß er nun im Zug, der aus Hamburg kam, wo er mehrere Flaschen Nordhäuser Klaren für viel Geld verkauft hatte und wollte nun nach Bad Sachsa.

Eingepfercht in den überfüllten Personenzug überfiel ihn eine innere Unruhe. Vor seine Augen drängte sich ein Bild, Erinnerungen, es war die einsame Landschaft der Wälder und Sumpfwiesen, wo er mit seinem Kumpan einen brutalen Mord begangen hatte. Die Tote mitten auf dem Weg ließ ihm keine Ruhe mehr.

Warum aber gerade diese Tote?

Sie erregte ihn, weckte das Verlangen, es wieder und wieder in die Wirklichkeit zurückzuholen.

Wie die Sucht nach dem Alkohol war es.

Es wurde schlimmer und schlimmer und es verging bald kein Tag mehr, der ihn das Bild zur Rückkehr rief, zur Rückkehr in die Wildnis mit der blutigen willenlosen Leiche.

Auch nachts ließen ihn diese Gedanken nicht mehr los.

Nur eins konnte da helfen, sich ein weiteres Opfer auszusuchen.

In Bad Sachsa stieg er in den Bummelzug nach Walkenried um. Er wollte hier zur Tarnung für sein Vorhaben als ortskundiger Schlepper auftreten, der die Gewohnheiten der Grenzwachen kannte, und seine Opfer natürlich nur gegen Bezahlung sicher über die Grenze bringen.

In Walkenried war Endstation.

Der Mann, der wie ein Wehrmachtskoch aussah mit der Nickel-brille auf der Nase, stieg aus und betrat die verräucherte Bahnhofs-gaststätte in der Hoffnung ein Opfer zu finden. Er wollte heute allen beweisen, dass er die Hilfe der anderen nicht brauchte, um mit der Befriedigung seiner sexuellen Gelüste fertig zu werden. Sein sexu-elles Verlangen konnte er aber nur abbauen, wenn er seinen Opfern Gewalt antat, ihnen Qual und Schmerzen zufügte. Dies bereitete ihm höchste sexuelle Lust. Er wollte brutal und schnell zum Ziel kommen. Und das dürfte kein Problem für ihn sein, denn sein erster Mord war nicht schwieriger gewesen, als eine Mücke auf der Hand zu zerschlagen. Und er war bisher nie als Täter verdächtigt worden.

Bereits stark alkoholisiert schaute er sich in der Bahnhofsgast-stätte um und erblickte eine junge Frau, die einsam an einem Tisch saß. Sicherlich eine, die illegal über die Grenze wollte. Sie war jung und knusprig, nicht so dürr.

Das geeignete Opfer.

Nur gut, dass er seinen Totmachungsapparat, so nannte, er den Hammer, bei sich trug.

Er setzte sich an den Tisch zu der Frau und bestellte ein Bier, dabei schaute er sie unbemerkt von der Seite an und musterte diese von oben bis unten.

Sie schien sich in ihrer Haut nicht wohl zu fühlen, sah sich furcht-sam um und machte einen bedrückten und unentschlossenen Ein-druck.

Mit freundlichem Unterton in der Stimme wandte er sich schließ-lich an die junge Frau: „Wollen Sie nach dem Osten, meine Liebe?"

Die Frau schaute erschrocken auf, als sie nichts ahnend angespro-chen wurde. Sie zögerte einige Sekunden, ehe sie dann antwortete: „Ja, ich will nach dem Osten. Meine Familie wohnt in Leipzig, und da ich nicht weiß, ob meine Angehörigen die Bombenangriffe über-lebt haben, möchte ich diese besuchen. Ich hatte gehofft hier einen Grenzführer zu finden."

„Da sind Sie bei mir an der richtigen Stelle."

„Sie kennen sich wohl hier aus?"

„Na klar! Ich kenne mich hier aus."

„Und die Grenzstreifen, wenn wir denen in die Hände fallen?"

„Keine Sorge, liebe Frau. Ich kenne auch deren Streifenwege. So brauchen Sie keine Angst zu haben, dass wir einer russischen Streife in die Hände laufen, und die unseren tun uns gleich gar nichts."

„Da hab ich aber Glück, dass ich Sie hier getroffen habe!", antwortete die Frau erleichtert.

„Wo sie Recht haben, junge Frau, da haben Sie Recht! Ich bringe Sie über die Grenze nach Ellrich und von dort können Sie weiter nach Leipzig fahren … Sind Sie damit einverstanden?"

Der Mann von kleiner, rundlicher Statur mit dem dicken, aufgeschwemmten Gesicht sah älter aus als er war, machte jedoch einen vertrauenerweckenden Eindruck auf die Frau.

„Ich bin einverstanden. Muss nur noch meinen Rucksack holen, den ich bei einem Bauern abgestellt habe."

„Geht in Ordnung. Ich warte hier!"

Während der Abwesenheit der Frau rutschte der angebliche Grenzführer auf dem Stuhl hin und her, er konnte es kaum abwarten, bis diese zurückkam. Der Mann kam einfach gegen sein Verlangen nicht mehr an. Es lag bei ihm nicht an seinem Geschlechtsteil, es lag an seinem Gehirn, das sein Seelenleben bestimmte, denn die Gedanken in seinem Gehirn erweckten in ihm die Lust zum Töten und zur Vergewaltigung wehrloser Frauen. Wenn es dann über ihn kam, konnte er nicht mehr zurück. Um die Wartezeit zu überbrücken, schaute er sich in der Zwischenzeit nach seinem Mordwerkzeug, dem Hammer, um und steckte ihn griffbereit in die Tasche.

Es schien eine Ewigkeit zu dauern, bis die junge Frau mit dem Rucksack in der Hand die Bahnhofsgaststätte wieder betrat. Sich umsehend erblickte sie ihren Führer, der immer noch an dem Tisch saß und ihr jetzt zuwinkte.

Gemeinsam verließen sie den von Zigarettenrauch verqualmten stickigen Raum und machten sich auf den Weg, der durch den dichten Wald des Himmelreiches nach Ellrich führte.

„Was muss ich Ihnen denn bezahlen für Ihre Gefälligkeit, dass Sie mich über die Grenze bringen?"

„Da machen Sie sich mal keine Gedanken, junge Frau. Wir werden uns da schon einig, müssen aber erst einmal im Osten sein."

Wenn die nichts ahnende Frau, die hinter ihrem Begleiter herlief, gewusst hätte, was dieser gerade dachte, wäre sie in ihrem Innersten erschrocken und entsetzt gewesen.

Dem schwirrte der Gedanke durch den Kopf, dass er immer schön zufrieden sein könnte, wenn er immer solche Opfer für sein bestialisches Vergnügen finden würde.

Am Ortsausgang von Walkenried führte der Weg Richtung sowjetische Besatzungszone am Zisterzienserkloster vorbei. Bis hierher hatten sie weiter keine Worte gewechselt und waren schweigend nebeneinander hergelaufen. Die Ruinen des Klosters erweckten bei der Frau jedoch ein Gefühl von Traurigkeit und es entspannte sich ein kurzes Gespräch zwischen den beiden.

Bild 10: Ruine des Walkenrieder Klosters (Foto von 2010).

„Wenn ich in Leipzig keinen von meiner Familie finde, dann bin ich ganz allein auf der Welt", sagte die Frau. „Dann möchte ich am liebsten tot sein!"

„Dazu kann ich Ihnen verhelfen", kam lachend die Antwort.

Jetzt lachte auch die Frau und antwortete: „Dazu ist nun doch noch etwas Zeit."

Die 25-jährige Frau ahnte nicht, wie wenig Zeit ihr noch blieb, wie nahe diese schon dem „Himmelreich" war – und das im doppelten Sinne des Wortes. Das Waldgebiet, wo sie auf grässliche Art und Weise ihr Leben beenden und den Weg in das „Himmelreich" antreten sollte, hieß ja das „Himmelreich".

Hinter dem Kloster überquerten sie eine Brücke, liefen am Waldrand entlang bis zu einem Bahnübergang. Auf der anderen Seite der Gleise führte der schmale Pfad durch dichtes Gestrüpp am Ufer des Itelteiches entlang. Dann ging es bergauf. Der Weg führte sie jetzt am Hexentanzplatz vorbei. Unterhalb vom Hexentanzplatz lag das stählerne Band der Eisenbahn, das durch den Tunnel führte, dessen Verbindung nach Ellrich an der Grenze für den Personenverkehr endete. Sie erreichten das Gelände des ehemaligen KZ „Erich", das unmittelbar an Ellrich grenzte. Die Häftlingsbaracken, Wachtürme und Zäune waren nach 1945 abgerissen worden und fielen dem Bau von Sicherungsanlagen für die Grenze zum Opfer.

Bild 11: Weg kurz nach der Ortschaft Walkenried, der am Waldrand entlang Richtung Ellrich führt (Foto von 2011).

Grenzgänger, die hier die noch „offene Grenze" überschritten, ahnten sicher nicht, dass in diesem Lager einmal 8.189 Menschen ihr

Leben oft auf grausame Weise lassen mussten und über 1.000 Tote im Krematorium des Lagers und auf Scheiterhaufen verbrannten.

„Wir müssen jetzt aufpassen, dass wir den sowjetischen Grenzsoldaten nicht in die Hände laufen", wandte sich der Mann an die junge Frau.

„Wieso? Sie haben doch gesagt …", kam sofort erschrocken die Antwort.

„Ist schon gut, die machen zwar immer gleich von der Schusswaffe gebrauch. Aber keine Sorge, ich kenne mich hier aus."

„Und was ist mit den Grenzern?"

„Die sind keine Gefahr. Das sind junge Männer, die aus der so genannten Arbeiter- und Bauernklasse stammen. Diese sind noch mit alten Wehrmachtswaffen, Karabinern und Pistolen ausgerüstet, aber nicht mit Maschinenpistolen."

Kurz vor der mit Holzpfählen gekennzeichneten Zonengrenze blieben sie stehen. Sie befanden sich auf einer von hohen Bäumen umgebenen Lichtung.

„Wollen wir hier nicht eine Pause einlegen", meinte der Mann sich dabei umblickend. „Ist doch ein ideales Plätzchen dafür."

Die Frau schaute sich um, war einverstanden und setzte sich in das tiefe Gras.

Bild 12: Der Tunnel zwischen Walkenried und Ellrich (Foto von 2011).

Die grünen Blätter der hohen Bäume am Rande der Lichtung rauschten im Wind.

Heimchen zirpten im tiefen Gras und die Wühlmäuse liefen flink von einem Loch zum anderen.

Das Hämmern eines Spechtes aus dem Dickicht des Waldes verriet, dass er im Begriff war einen morschen Baumstamm emsig zu bearbeiten. Eine friedliche Stimmung, aber für wie lange?

Nach einer Weile stand der Mann auf, griff in die Tasche nach dem Hammer. Es war ein alter Hammer, den er noch nie benutzt hatte, aber immer schon auf die Gelegenheit gewartet hatte. Er fühlte sich leicht an, als sei er nur eine Verlängerung der Hand und kein eigenständiges Ding.

Von alldem bekam die Frau nichts mit. Sie bekam auch nicht mit, dass der Mann in einem unbemerkten Augenblick den Hammer aus der Tasche zog, leise von hinten an die im Gras Sitzende herantrat. Gerade als er zuschlagen wollte, drehte sie sich um und sagte: „Ich glaube, jetzt …" Ihre Verblüffung war groß, als sie den Mann mit einem Hammer in der erhobenen Hand vor sich stehen sah.

Mit schreckgeweiteten Augen blickte sie den Mann an und riss ihre Arme zu einer abwehrenden Bewegung empor. Es gelang ihr gerade noch den niedersausenden Hammer auf den Kopf abzuwehren und auszuweichen.

Der Hammer schoss knapp an ihrem Haupt vorbei und traf aber mit voller Wucht die rechte Schulter.

Die Frau schrie vor Schmerz auf und wollte jetzt aufspringen.

Um das zu verhindern, schlug der Mann noch einmal zu und wieder verfehlte der niedersausende Hammer sein Ziel.

Der Frau erkannte, in welcher Gefahr sie sich befand. Es gelang ihr endlich aufzuspringen. Sie versuchte davon zu laufen, um diesem Ungeheuer zu entkommen.

Überraschung spiegelte sich auf dem Gesicht des Mannes wieder, der für einen Moment reglos stehen blieb, lief aber dann hinter der flüchtenden Frau her. Bereits nach wenigen Metern holte er diese ein, warf sich von hinter auf sie und umklammerte die Frau mit seinen Armen.

Das Weib schlug wild um sich, trat ihren Widersacher vor die Schienbeine, kratzte, biss und grub die Nägel ihrer Finger in den Hals des Mannes.

Überrascht ließ dieser von der sich wie eine Wilde wehrenden und schreienden Frau ab.

Aber nur für einen Moment. Dann griff er sie erneut an und versuchte immer wieder diese mit seinem Hammer niederzuschlagen.

Der Frau gelang es aber, immer und immer wieder schreiend auszuweichen.

Als alles nichts half, ließ er Hammer, Hammer sein, sprang die Frau mit einem kurzen Satz an, umklammerte diese und warf sie zu Boden. Er presste eine Hand auf ihren Hals und mit der anderen steckte er ihr nach kurzer Gegenwehr einen schmutzigen Lappen in den Mund, um ihre Schreie zu ersticken.

Mit den Füßen strampelnd versuchte die Frau, ihre Pupillen waren enorm erweitert, sich zur Wehr zu setzen. Das Gesicht nahm den Ausdruck panischer Angst an.

Sich umklammernd rollten beide in der Hitze des Kampfes den Hang hinunter, dabei stieß die Frau mit dem Kopf auf einen Stein.

Ihr Atem entwich mit einem leisen „uuh" und sie blieb reglos liegen. Besinnungslos lag sie da. Aus einer drei Zentimeter breit klaffenden Kopfwunde schoss das Blut.

Sofort bekam der Mann einen Orgasmus. Unverhofft war er am Ziel seiner Wünsche angekommen. Nun hätte er von der Frau ablassen, ihr das Leben schenken können.

Nein, das wollte er nicht!

Er stand auf und suchte im tiefen Gras nach seinem Mordwerkzeug. Endlich hatte er es gefunden und schlug mit dem Hammer wie ein Wahnsinniger auf den daliegenden, sich windenden Leib ein.

Ein zweiter Hieb folgte.

Ein Dritter!

Ein Vierte!

Ein Fünfter!

Blut lief über die Augen, über das Gesicht des Opfers, spritzte in das Gras.

Der Mörder schlug wieder zu, immer wieder zu, bis das letzte Lebenszeichen aus dem Körper entschwunden war. Die knöcherne Schädeldecke war zertrümmert, die harte Hirnhaut an mehreren Stellen eröffnet, sodass das Weiß der Hirnwindungen sichtbar war.

Das Bewusstsein des Mannes schien sich bei der Begehung der Tat völlig ausgeschaltet zu haben.

Was ihm seine Frau verweigert hatte, tat er nun mit der Leiche. Er misshandelte sie in rasender Wut, riss ihr die Kleider vom Leibe, zerkratzte ihre Brüste, glaubte ihr noch Schmerz zufügen zu können und er hatte erneut eine Ejakulation. Die Wehrlosigkeit des Opfers ihm gegenüber war der richtige Kick, der Nervenkitzel, den er brauchte. Reue kannte er nicht, schließlich hatte sie ja ohnehin sterben wollen, das hatte sie ihm ja auf der Höhe des Walkenrieder Klosters gesagt.

Nachdem der Mann sich abreagiert hatte, stand er auf, die Kleidung von oben bis unten mit Blut besudelt. Er durchwühlte den Koffer der Frau, in dem sich auch eine Decke befand. Bevor er die Decke über der Leiche der Frau ausbreitete, schüttelte er sein Opfer, aber dieses bewegte sich nicht mehr.

Er hatte gehandelt, wie es sein Trieb von ihm verlangt hatte. Die Macht über Leben und Tod, die er besaß, konnte er einfach nicht begreifen und so murmelte er, dabei kichernd, vor sich hin: „Ich bin zum Totmachen geboren."

Das erregende Erlebnis hatte ihn müde gemacht. Er legte sich neben die Leiche, schlummerte sofort ein und wachte erst wieder mit dem Hereinbrechen der Abenddämmerung auf. Sich umschauend erblickte er neben einem Holunderbusch die Tote. Den Kopf eingeschlagen, die Kleidung zerrissen, den Unterkörper entblößt, mit verkrustetem Blut bedeckt.

Auch das Gras um die Tote herum hatte sich braun gefärbt.

Das, was einmal Blut gewesen war, war geronnen, hatte Insekten angezogen, die eine widerliche Kruste bildeten.

Die trüben Augen der Entseelten schienen den Mann anstarren zu wollen.

Unbeeindruckt von der Situation und erfrischt von dem Schlaf ergriff der Täter den Koffer der Frau und verschwand ohne jegliche

Gewissensbisse in der Dämmerung des *„Himmelreiches"* auf dem Weg nach Ellrich. Niemand hatte sein grauenhaftes Vorgehen mitbekommen.

Den Tatort hatte er unverändert gelassen und auch der Hammer blieb neben der Leiche liegen.

*

Jörg Seedow wusste nicht, was sein Chef von ihm wollte, als er ihn noch kurz vor Feierabend in den Glaskasten rief. Kaum hatte er den Raum betreten, da erhob sich auch der Chefredakteur schon hinter dem Schreibtisch und lächelte.

Auf der blanken Schreibtischfläche lag nur eine einzige dünne blaue Mappe.

In Hemdsärmeln, mit gelockerter Krawatte, ihm schien es warm zu sein, kam er um den Schreibtisch herum und ging auf Seedow zu. Untersetzt, etwas füllig, aber immer noch recht straff zeigte er auf einen der Sessel, der zu einer Sitzecke gehörte.

„Setzen Sie sich Seedow!", sprach er und nahm gegenüber Platz. Sein sicherlich früher schwarzgrau gemusterter Bart war weiß, aber nach wie vor sorgfältig gestutzt.

Seedow wurde sofort wachsam. Gespräche, die so anfingen, endeten gewöhnlich mit einer dringenden Bitte oder einem konkreten Auftrag.

Sein Gegenüber griff nach seiner Pfeife samt Tabak, stopfte, zündete sie an, lies es knistern, verbreitete einen angenehm duftenden Qualm. Zwischendurch fragte er beiläufig: „Wie weit sind Sie denn mit den Frauenmorden?"

„Bis jetzt ist es noch nicht allzu viel, was ich in Erfahrung bringen konnte. Auf jeden Fall steht fest, dass die Frauenmorde nach dem gleichen Strickmuster erfolgten und dass ein Mann mit einer Nickelbrille dabei eine Rolle spielen muss."

„Ich habe hier etwas für Sie, das dürfte Sie interessieren!"

Neugierig schaute Seedow seinen Chef an und antwortete: „Hat das mit unseren Fällen zu tun?"

„Hier, lesen Sie selber!", damit überreichte er Jörg Seedow einen dünnen Schnellhefter.

Seedow schlug den blauen Umschlag der Akte auf und begann mit wachsendem Interesse zu lesen, dabei wurde sein Gesicht immer bleicher, bevor er sagte: „Ich war doch erst kurz zuvor in Walkenried!"

Aus den Unterlagen ging hervor, dass Spaziergänger neben dem Waldweg von Walkenried nach Ellrich die übel zugerichtete Leiche einer Frau gefunden hatten. Diese lag in einer ausgedehnten Blutlache neben einem Holunderbusch.

Überall waren Blutspitzer.

Der Unterkörper der Frau soll nackt gewesen sein, die Kleidung zerrissen und die Schuhe wurden unweit der Leiche gefunden. Verkrustetes Blut bedeckte bereits ihr Gesicht. Das Mordwerkzeug, ein Hammer, lag unmittelbar neben der Leiche. Bei der Obduktion der Toten stellte der Gerichtsmediziner fest, dass der Täter die Frau mit dem Hammer erschlagen und sie sexuell missbraucht hatte. Im Schamhaar, zwischen den Schamlippen und in der Vagina, wurde Sperma gefunden.

Das Opfer konnte nicht identifiziert werden, obwohl die Frau wegen der auffälligen Kunststrickerei ihres dunkelblauen Kleides mehreren Zeugen in der Nähe des Walkenrieder Bahnhofes aufgefallen war. Ein Zeuge erinnerte sich auch daran, dass die Frau von einem Mann begleitet wurde, den er jedoch nicht näher beschreiben konnte.

Von seiner Lektüre aufblickend sagte Seedow: „Das passt doch genau in das Schema des Serienmörders!"

„Ob wir es mit einem Verrückten zu tun haben?", warf der Chefredakteur ein und sah dabei Seedow an.

„Mit einem Irren? Hm!"

„Was meinen Sie denn Seedow? … Sie haben sich doch sicher schon eine Meinung gebildet?!"

„Ein Irrer? Harter Tobak!"

„Nein kein schlechter! Wirklich ein Irrer?"

„Ein Lustmörder!"

Sie diskutierten hin und her.

„Ich weiß nicht, ob wir schon so weit sind, um sagen zu können, was das für ein Mensch ist", zweifelte Jörg Seedow. „Im Moment drehen wir uns irgendwie im Kreise!"

„Ist aber ein guter Aufhänger für unsere Zeitung! Sie wissen doch: die Sensationslust der Menschen. Deswegen bleiben Sie unbedingt an der Sache dran. Es ist das übliche Bild eines Lustmörders, der nur durch Schlagen, Würgen und Erstechen zum Orgasmus kommen kann. Da kann man schon einen richtigen Aufmacher draus machen."

„Hat denn die Polizei wenigstens schon konkrete Hinweise, wenn sie schon keinen Fahndungserfolg zu verzeichnen hat?"

„Nein, nichts dergleichen! Es sieht ganz so aus, dass durch die sich häufenden Verbrechen im Grenzgebiet die Polizei, allein schon aufgrund ihrer mangelnden personellen Stärke, den sich daraus ergebenden Aufgaben nicht mehr gewachsen ist."

„Werde morgen nach Vienenburg fahren, habe von dort eine Information erhalten, die zu den Fällen mit den ermordeten Frauen passen könnte. Auf jeden Fall ist es das gleiche Schema."

„Machen Sie das Seedow!" Der Chefredakteur war ob seiner Anfangszweifel jetzt doch davon überzeugt, dass sein Mitarbeiter auf der richtigen Spur war, obwohl es schon grotesk erschien, dass die vielen damit beauftragten Kriminalisten den Täter bisher nicht ermitteln konnten.

Der Tod wanderte durch den Südharz, über ausgefahrene Feldwege, durch dichte Wälder, an grünen Wiesen vorbei. Und keiner konnte bisher etwas dagegen unternehmen. Ein Niemand schien im Niemandsland zu töten. Der tadellose Plan für die Befriedigung der perfiden Lust schien immer wieder aufzugehen.

Am nächsten Tag führte Jörg Seedow die Fahrt in seinem Opel Kadett I durch die grünen Wälder des Harzes über Braunlage, Bad Harzburg nach Vienenburg.

Durch das dichte Blätterdach flimmerten die Strahlen der Sonne.

Das fröhliche Gezwitscher der Vögel erfüllte die Luft.

Auch diesmal hing er seinen Gedanken nach. Er hatte keinen Blick für die bewaldeten Höhen des Harzes, die grünen Wiesen und goldgelben Feldern übrig, an denen der Weg vorbeiführte.

Da der Mörder viel umherzog, mit vielen sprach und so manches erfuhr, steigerte sich von Mord zu Mord sein viehisches Erfolgserlebnis. Der Erfolg verfestigte bei ihm den Zwang zu morden.

Gleichzeitig blieb die Erinnerung an seine Person im Gedächtnis der Menschen haften, wo immer er auftauchte, sich mit Leuten unterhielt oder Kontakt aufnahm.

Jörg Seedow hatte in Erfahrung bringen können, dass in mehreren Grenzorten der britischen und amerikanischen Zone das Mondgesicht mit der Nickelbrille wohl bekannt war. Auch Grenzpolizisten waren ihm oft begegnet. Aber keiner hatte bisher seiner Person die notwendige Aufmerksamkeit geschenkt.

Diesen Hinweisen und Spuren folgend wollte Seedow den Serientäter unbedingt dingfest machen.

In Vienenburg hoffte er einen Schritt weiter zu kommen. Er beabsichtigte sich hier mit einem Polizeibeamten treffen. Sicherlich ergab dieses Treffen wieder ein Steinchen für sein Puzzel auf der Suche nach dem Serienmörder.

Und so war es auch.

Eine gute Stunde lang unterhielt er sich mit dem Polizisten und dabei erfuhr er unter anderem, dass schon seit einigen Wochen eine Frau, eine Witwe aus dem Ort vermisst wurde.

Sofort wurde Seedow hellhörig und wollte wissen: „Wieso vermuten Sie, dass etwas mit der Witwe nicht in Ordnung ist? Täglich verschwinden Menschen. Spurlos, wie es heißt. Die meisten tauchen irgendwann wieder auf. Vielleicht ist sie untergetaucht, um sich irgendwelchen Verpflichtungen oder widrigen Lebensumständen zu entziehen?"

„Also, das verbitte ich mir, so von der Witwe zu sprechen! Ich kenne diese Frau und dann würde sie auch nicht ihre kleine Tochter bei ihrer Mutter zurücklassen!"

Im weiteren Gespräch erzählte der Polizist, dass die Frau zu Fuß nach Osten über die deutsch-deutsche Demarkationslinie, die drei Kilometer hinter dem Ort verlief, gegangen war. Sie musste nach Berlin, um ihre dortige Wohnung aufzulösen und Papiere für ein neues Leben im Westen brauchte sie auch. Bevor sie ging, habe sie sich noch bei ihrer Tochter verabschiedet und versprochen bald wieder zurück zu sein. Seine Ausführungen beendete er mit den Worten: „Jetzt sind nun schon einige Wochen vergangen und sie ist immer noch nicht wieder zurück."

„Kann sie nicht einer Streife in die Hände gefallen sein und sitzt jetzt vielleicht in irgendeinem sowjetischen Gefängnis."

„Das habe ich auch erst gedacht und Ermittlungen angestellt."

„Und, was ist dabei herausgekommen?"

„Das ist es ja, was mich so besorgt macht."

„Nun reden Sie schon!"

„Ihre Spur verliert sich nicht im Osten, sondern hier bei ihrer Rückkehr."

„Das ist ja komisch."

„Genau! In Abbenrode hatte sie ihr Gepäck abgestellt und den Leuten dort von der erfolgreichen Haushaltsauflösung in Berlin und der Puppe für ihre Tochter erzählt."

„Wissen die Leute denn nicht, wohin sie gegangen ist?"

„Sie sagen, dass die Frau ein Stück des Weges noch ein Bauer auf seinem Wagen mitgenommen habe, weil sie sich den Fuß verknackst hatte. Das letzte Stück des Wegs wollte sie dann zu Fuß weiter gehen, da sie ja keinen Interzonenpass besaß. Seitdem verliert sich die Spur."

„Das passt voll in meine Untersuchungen über die vermissten und ermordeten Frauen. Wenn die Arme nur nicht dem Serienmörder in die Hände gefallen ist?"

„Hoffe doch nicht, schon der zehnjährigen Tochter zuliebe, die bereits jetzt ihre Mutter schmerzlich vermisst."

Jörg Seedow verabschiedete sich von dem Polizeibeamten und verabredete sich mit ihm noch einmal für den nächsten Abend.

Im Gasthaus des Ortes bekam er ein Zimmer für die Übernachtung. Da es noch früh am Abend war, hatte er noch keine Lust sich schlafen zu legen. Außerdem, wenn er schon einmal hier war, wollte er wenigstens die Gelegenheit nutzen mit Einheimischen ins Gespräch zu kommen. Dazu bot sich die Gaststube, die sich im Haus befand, geradezu an.

Jörg Seedow verließ das Zimmer, lief durch einen engen Gang, dessen Wände Landschaftsbilder zierten, und betrat die Gaststube. Hier sah er sich kurz um und schritt dann zu dem Tisch, ganz in der Nähe der Theke. Hier waren noch alle Stühle frei.

Der Wirt blickte kurz auf, als der neue Gast den Raum betrat, ging dann aber seiner Tätigkeit weiter nach.

Seedow setzte sich, machte sich durch das Heben des rechten Armes bemerkbar und sprach: „Wirt, ich bekomme ein Helles!"

„Sofort!"

Am Nachbartisch unterhielten sich zwei Ortsansässige über eine Razzia der Polizei, die auf dem Bahnhof von Vienenburg stattfand.

Als der Wirt einen runden, nicht mehr ganz sauberen Pappdeckel mit einem Bleistiftstrich und das verlangte Bier vor ihm auf den Tisch stellte, wurde Seedow für einen Moment von der Unterhaltung am Nachbartisch abgelenkt.

„Ihr Helles!"

Mit dem Wort „Danke!" griff er zum Glas, nahm einen langen Zug und wandte sich wieder der Unterhaltung am Nachbartisch zu.

Hier sprach man gerade von dem Moment, als die Polizei zugegriffen hatte. Dies geschah, als die Reisenden den Zug verließen und den Bahnsteig überquerten. Schwitzende Leute, sich schiebend und stoßend, mit Beuteln und Schachteln behängt, wollten durch die Sperre ins Freie drängen. Und hier an der Sperre schlug die Polizei zu. Unter den Kontrollierten sollen sich auch Personen befunden haben, die vor ihrer gewagten Unternehmung noch nie etwas von der Existenz dieser Ortschaft in der Nähe der Grenze gehört hatten.

Plärrende Kinder, Frauen mit Umschlagtüchern und verschnürten Körben.

Gestikulierende Männer

Gepäcklose junge Leute, offenes Hemd, Schatten im Gesicht, Zigaretten im Mund.

Ein großer Teil der Reisenden waren jedoch Gauner, Schieber und zwielichtige Elemente.

Das Schwarzmarktgeschäft über die Zonengrenze hinweg florierte. Gehandelt wurden Textilien aus Sachsen, Keramik und Glaswaren aus Thüringen, Schnaps aus Nordhausen, Ferkel aus Norddeutschland.

Zu den Schiebern gehörten auch zwei zwielichtige Gestalten, die der Polizei sofort aufgrund ihrer prall gefüllten Rucksäcke auffielen. Die beiden Männer strebten langsam, sich ständig umsehend, durchs Gedränge auf den Ausgang zu. Dabei achteten sie darauf, dass von denen, die sie überholten, versehentlich anrempelten, keiner verstehen konnte, worüber sie gerade im Flüsterton redeten. In ihrer Unterhaltung ging es um nichts anderes als Schwarzmarktgeschäfte.

Plötzlich ertönte der Pfiff einer Trillerpfeife. Von mehreren Seiten stürmten Polizeibeamten auf die sich durch die enge Sperre drängenden Massen und pickten sich die beiden Herren heraus.

„Ihre Ausweispapiere bitte! Und was haben Sie in den Rucksäcken?", wurden sie befragt.

„Nichts besonders!", kam prompt die Antwort.

Damit wollten die Polizisten sich aber nicht zufrieden geben und forderten die Männer auf: „Aufmachen!"

Sich betretend anschauend öffneten die beiden Herren zögernd ihre Rucksäcke und stellt euch, vor was da zum Vorschein kam?"

„Na sprich schon!"

„Ein reichliche Menge Alkohol, alles Nordhäuser Doppelkorn!"

Jörg Seedow, der die ganze Zeit dem Gespräch schweigend zugehört hatte, mischt sich jetzt Neugierig geworden ein und wollte wissen: „Und, was ist mit den Männern geschehen?"

„Auf die Polizeiwache hat man die beiden verfrachtet. Nach der Konfiszierung des Alkohols durften sie wieder gehen. Ein Grund sie weiter festzuhalten wegen des Schmuggels von Alkohol lag nicht vor."

„Ich habe die beiden Männer gesehen und dem einen der Männer, den kleinen Dicken mit der Brille bin ich schon einmal, woanders begegnet. Weiß nur nicht mehr, wo?", meinte ein etwas jüngerer Mann, der bisher schweigsam am Nachbartisch gesessen und dem Gespräch gefolgt war.

Der Bursche am Nachbartisch trug einen hellen leichten Anzug, lose Krawatte, beige getöntes Hemd. Er war vielleicht zwanzig, nicht sehr groß, hielt sich etwas gebeugt, schien aber kräftig. Die dichten blonden Haare fielen ihm gelegentlich ins Gesicht. Mit einer bedächtigen Handbewegung strich er diese in regelmäßigen Abständen zurück. Hätte der Mann wirklich gewusst, wer der kleine Dicke mit der Brille war, dem er schon einmal irgendwo begegnet war, sicherlich wäre es dann mit seiner Ruhe dahin gewesen. So saß er ruhig am blankgescheuerten Tisch und ließ sich sein Bier schmecken.

Beim Treffen am nächsten Abend berichtete der Polizeibeamte Jörg Seedow von einer Beobachtung auf einem seiner letzten Streifengänge. Er berichtete: „Ich laufe regelmäßig an der alten Bahnstrecke von Vienenburg nach Halberstadt entlang. An der Blockstelle 25 zwischen Vienenburg und Osterwieck befindet sich ein Brunnen. Am Rand dieses Brunnens habe ich Frauenhaare gefunden. Das kam mir nicht ganz geheuer vor und ich erstattete meinem Vorgesetzten Meldung."

„Ja und? … Was ist dabei raus gekommen? … Und was meinte Ihr Vorgesetzter dazu?"

„Nichts. Meine Beobachtung wurde als Hirngespinst abgetan. Ich würde Gespenster am hellerlichten Tag sehen."

„Das kann doch nicht sein?!"

„Doch, sogar meine Kollegen haben mich noch dafür ausgelacht und als Spinner bezeichnet."

„Also wurde nichts unternommen?"

„Genau. Aber die Sache hat mir keine Ruhe gelassen. Ich bin erneut zu dem Brunnen gegangen und habe diesmal Schottersteine in den Schacht des Brunnens fallen lassen."

„Wieso haben Sie Schottersteine in den Brunnen geworfen? … Was sollte damit erreicht werden?"

„Hören Sie! Ich konnte kein plätscherndes Geräusch hören, wie es beim Fall eines Steines ins Wasser zu hören ist. Es fehlte das Plumpsen."

„Was könnte das für ein Grund, Ihrer Meinung, nach dafür sein?"

„Das kann nur bedeuten, dass der Boden des Schachtes vollkommen mit Algen zugewachsen ist …, aber es könnte auch etwas hineingeworfen worden sein."

„Ja, und was machen wir nun?"

„Ich weiß es nicht! Obwohl meinen Vermutungen keinerlei Gehör geschenkt wurde, konnte ich auf jeden Fall verhindern, dass man den Brunnen zuschüttete."

Zu diesem Zeitpunkt ahnte weder der Polizist noch Jörg Seedow die grausame Wahrheit.

Im Brunnen an der Blockstelle 25 lag die Leiche der vermissten Frau. Sie war zwei Kilometer von ihrem Zuhause brutal mit einer zehn Pfund schweren Kupplungsstange erschlagen, missbraucht und beraubt worden. Der Täter hatte dem Opfer den Mantel und eine Puppe abgenommen. Den Mantel legte er seiner Frau und die Puppe seiner Tochter unter den Tannenbaum.

Am nächsten Tag, als Jörg Seedow die Redaktionsräume in Bad Lauterberg betrat, musste er unwillkürlich an die Auswirkungen des vergangenen kalten Winters denken. Die grimmige Kälte des wohl kältesten Winters des Jahrhunderts hatte Spuren hinterlassen. Nicht nur, dass bereits im November des vergangenen Jahres die Temperaturen auf null Grad sanken, er war dann grimmig kalt geworden und die Kälte hatte auch noch verdammt lange angehalten.

In diesem Hungerwinter versuchten nicht nur verarmte Menschen durch Grenzgängerei zu überleben, auch die Spekulanten und Verbrecher fanden ein reiches Betätigungsfeld. Gehandelt, getauscht und geschachert wurde in allen Orten, besonders innerhalb des Grenzgebietes. Täter, die in den Wirren der Zeit unerkannt untertauchen konnten, beraubten und erschlugen zahlreiche Menschen.

Die Räume in der Redaktion waren in den Winterwochen trotz des alten Kanonenofens, der Tag und Nacht brannte, nicht mehr richtig warm geworden. An den Fenstern glänzten Eisblumen und es zog unangenehm durch alle Spalten und Ritzen.

An der Situation änderte auch die Topfpflanze mit den grünen und roten Blättern auf dem Fensterbrett nichts. Den Weihnachtsstern hatte Seedow von seiner Freundin geschenkt bekommen und der hatte hier in der Redaktion einen Platz gefunden.

Seedow konnte sich nicht erklären, wieso er gerade jetzt daran dachte. Oder hing es mit der für diese Jahreszeit ungewöhnlichen Wärme zusammen? Der April meinte es gut. Temperaturen um die zwanzig Grad waren keine Seltenheit. Von den Launen, die man diesen Monat nachsagte, war kaum etwas zu merken. Bäume standen schon in voller Blüte und erfreuten das Auge. Die wärmenden Strahlen der Sonne taten dafür ihr Übriges.

Im Glaskasten rumorte es schon. Das konnte nur der Chef sein, der bereits auf den Bericht von Jörg Seedow wartete.

Und so war es auch.

In der Tür des Glaskastens erschien die Gestalt des Chefredakteurs und sagte: „Seedow gleich zu mir. Ich will wissen was sie in Erfahrung gebracht haben."

In kurzen Worten informierte Seedow ihn über das, was er von den Polizeibeamten aus Vienenburg erfahren hatte.

„Das Bild passt ganz zu der blutigen Spur, die sich zwischen Vienenburg im Norden und Walkenried im Süden, fast immer auf unserem Gebiet hinzieht."

„Hast du denn von der Person oder den Personen eine Spur?"

„Es gibt bisher nur vage Beschreibungen, bei denen immer wieder eine kleine, dickliche Person mit einem Mondgesicht und einer Nickelbrille auftaucht."

„Irgendwie muss man diesen Sadisten doch dingfest machen können!"

„Chef, das ist gar nicht so einfach. Er taucht hier und dort wie ein Spuk auf und verschwindet auch wieder genauso schnell!"

„Sie haben Recht, und wie es aussieht, steigert sich von Mord zu Mord auch noch sein Erfolgserlebnis. Dieser Erfolg verfestigt seinen Zwang, zur Verwirklichung seiner sadistischen Neigungen weiter zu morden."

„Ich hoffe nur, dass wir den Kerl bald schnappen, ehe noch weitere Frauen brutal erschlagen werden!"

Einige Wochen lang schien es, als hätte der unheimliche Frauenmörder sein Gewerbe aufgegeben.

Ein trügerischer Gedanke.

Eines Tages flatterte auf Seedows Schreibtisch eine Meldung über einen weiteren Frauenmord.

In der Nähe von Abbenrode in Niedersachsen wurde die Leiche einer 20jährigen Frau gefunden. Der multiple Schädelbasisbruch rührte von einem stumpfen Gegenstand her und mehrere Stichwunden am Körper der Frau wiesen unzweideutig auf den Frauenmörder hin. Die Ermittlungen der Polizei ergaben, dass die Frau Tage zuvor die Eisenbahn von Braunschweig nach Vienenburg benutzte und auf dem Weg zu Verwandten in der sowjetischen Besatzungszone gewesen war. Bei Abbenrode musste sie wohl ihrem Mörder in die Hände gefallen sein, denn die Leiche der geschundenen und erschlagenen Frau fand man in dem Grenzflüsschen Ecker.

Auch hier, wie immer von dem Täter keine Spur.

Obwohl der stets gleichförmige Tatbestand den Schluss geradezu aufdrängte, dass all diese Morde von ein und demselben Täter oder Tätern begangen wurden, handelte die Kriminalpolizei nicht zentral zusammen. Jede der örtlichen Kriminaldienststellen arbeitete für sich allein an der Aufklärung der Fälle. Eine Zusammenarbeit wurde besonders erschwert durch die bestehenden unterschiedlichen Besatzungszonen. Zwischen den beiden Teilen Deutschlands gab es keine offizielle Zusammenarbeit bei der Verbrechensbekämpfung. So war das nun einmal zwischen der britischen, amerikanischen und sowjetischen Besatzungszone.

Die Verfahren wurden nach Ablauf der gesetzlichen Untersuchungsfrist durch die jeweilige Staatsanwaltschaft *„mangels verfolgbarer Täterspuren"* jedes Mal eingestellt.

Kein Wunder, dass Jörg Seedow bei seinen Ermittlungen oft vor verschlossenen Türen stand und er als Sensationsjournalist abgestempelt wurde. Es hielt den jungen Burschen mit seinen 20 Lenzen nicht davon ab sein Ziel mit journalistischer Zähigkeit weiter zu verfolgen. Die Bemerkung *„Täter nicht auffindbar, Ermittlung eingestellt!"* ließ ihn nicht zur Ruhe kommen.

Obwohl es immer heißt, Zufälle gibt es nicht, trafen sich der Lustmörder und der Raubmörder zufällig in einer Kneipe. Bei einem Glas Bier wurde sofort die Planung des nächsten Mordes in Angriff genommen: der eine, um seine sexuellen Gelüste zu befriedigen, der andere, der seine Frau verlassen hatte, musste ja schließlich seiner Geliebten etwas bieten können. So schlug er vor: „Diesmal bringen wir einen Mann um, einen Schwarzhändler, der viel Geld mit sich führt."

Sofort war der jüngere mit dem Mord einverstanden aber nicht mit dem Mann und er entgegnete: „Aber keinen Mann! Ich bin doch nicht schwul. Schließlich will ich auch meinen Spaß dabei haben."

„Na schön, eine Frau. Und wer legt sie diesmal um?"

„Jetzt bist du mal dran."

Der Mord sollte sich diesmal nicht in der romantischen Kulisse des Harzes abspielen, sondern hinter dem Güterbahnhof der oberfränkischen Stadt Hof im Zonenrandgebiet. Auch in dieser Stadt, die eine Durchgangsstation für Pendler zwischen Ost und West war, blühte das einträgliche Geschäft für die Grenzgänger jemanden auf die andere Seite zu bringen.

In der Bahnhofsgaststätte erblickten die beiden eine etwa fünfundzwanzigjährige Frau, die ihnen für ihr Vorhaben geeignet erschien. Sie gingen zu ihr an den Tisch und wollten freundlich wissen: „Sind die Plätze noch frei, dürfen wir uns setzen?"

Die Frau musterte mit einem skeptischen Blick die Männer von unten bis oben und dann wieder von oben nach unten. Sie erblickte einen jüngeren, dicklicheren und einen älteren von Statur hageren Mann, beide hinterließen bei ihr eigentlich einen sympathischen Eindruck. Trotzdem zögerte sie erst kurz, ehe sie sagte: „Ich habe nichts dagegen … Bitte nehmen Sie Platz!"

Während der Hagere mit der Frau ins Gespräch kam und angeregt plauderte, schüttete der andere sich, obwohl es Fusel von der übelsten Sorte war, ein Glas Schnaps nach dem anderen hinter die Binde. Hätte die Frau geahnt, dass sich dieser für den geplanten Mord Mut antrank, dann hätte sie sicherlich nicht gesagt: „Ich habe nichts dagegen … Bitte nehmen Sie Platz!"

Nach etwa einer halben Stunde schlug der bereits Angetrunkene der jungen Frau vor: „Wollen wir das Lokal nicht wechseln?"

Als diese antwortete: „Ich habe nichts dagegen!", dachte sie sich nichts weiter dabei.

Und so zogen sie gemeinsam los. Es blieb aber nicht bei dem nächsten Lokal, auch dieses wurde bereits nach kurzer Zeit wieder verlassen und ein weiteres aufgesucht.

In der Zwischenzeit war die Nacht hereingebrochen und die an jeweils zwei Drähten an der Decke hängenden Glühlampen in der Gaststätte, in der die drei gerade saßen, verbreiteten ein dämmriges Licht.

Auf dem Tisch hatten sich Bier- und Schnapslachen gebildet, in denen halb volle Gläser standen.

„Leute, wie …, wie sieht es aus, … wollen wir …, wir uns nicht ein Zimmer …, Zimmer … für die Nacht suchen?", stellte der Mann mit der Nickelbrille lallend die Frage.

„Ich glaube, es reicht auch für heute Abend. Du hast Recht wir suchen uns ein Zimmer!"

„Kann ich mich bei der Suche nach einem Zimmer anschließen? Ich brauche ja auch eine Möglichkeit, wo ich mein müdes Haupt zum Schlafen niederlegen kann?", mischte sich die Frau in das Gespräch der beiden Männer ein.

„Warum nicht", antwortete der Gegenüber und schaute dabei seinen Kumpel mit den Augen zwinkernd an.

Dieser bekam es in seinem angetrunkenen Zustand nicht mehr mit, trotzdem schwirrte in dessen Kopf nur der eine Gedanke umher: Ich brauche heute noch meine sexuelle Befriedigung.

Und da kam ihm dieses Weib doch gerade recht.

Sie standen auf, der Jüngere etwas schwankend, und verließen zu dritt die Gaststätte.

Der Weg Richtung Bahnhof wurde eingeschlagen.

Der eine ging leicht torkelnd, der andere sich mit der Frau unterhaltend.

Sie hatten schon ein Stück des Weges zurückgelegt, als der Frau die eingeschlagene Richtung doch etwas komisch vorkam. Nirgends mehr Wohnhäuser, nur Bahnhofsgebäude und abgestellte Eisenbahnwaggons und so wollte sie wissen: „Wo wollt ihr denn mit mir hin?"

„Keine Sorge, wir kennen hier eine Übernachtungsmöglichkeit! … Und die ist auch noch recht billig!"

„Na, dann ist ja alles in Ordnung!"

Der leicht Betrunkene sülzte die Frau mit Worten voll, um seinem Kumpel die Gelegenheit für den Mord zu geben.

Der Ältere lief jetzt hinterher, er war ja, wie abgemacht, an der Reihe die Frau zu töten. Möglichst wenige Geräusche verursachend bewegte er sich nur wenige Meter hinter den beiden.

Sie passierten den Güterbahnhof.

Jetzt war die Gelegenheit günstig, das Fallschirmjäger-Messer aus der Tasche ziehend sprang der Ältere die Frau mit einem Satz von hinten an und schlug der Gutgläubigen weit ausholend mit dem Griff mehrmals mit voller Wucht auf den Hinterkopf.

Der Angriff kam so überraschend für die Frau, dass sie zu keiner Abwehrbewegung mehr fähig war. Mit einem Aufschrei brach sie zusammen, fiel wimmernd zu Boden und krümmte sich auf dem Schotterbett zwischen den stählernen Eisenbahnschienen.

Die Frau bettelte um ihr Leben.

Weitere Hiebe folgten!

Immer noch krümmte sich der am Boden liegende Körper der Frau und sie schrie immer lauter.

„Ist denn die Alte überhaupt nicht tot zukriegen?", wimmerte der Jüngere, der sich kaum noch in seiner sexuellen Gier beherrschen konnte. „Erschlag oder erstich sie schon!"

Die Frau strampelt mit den Beinen und winselte um Gnade. Ihr Gesicht war voller Blut, aber ihr Körper gab noch nicht auf, er wollte leben. Erst nach weiteren mehreren Messerstichen wurde die Frau bewusstlos und war ihrem Tode nahe. Ein kurzes Zucken lief durch den Körper und die Augen wurden starr.

Nun lag sie absolut wehrlos da, und die sexuelle Gier stieg in dem Mann mit der Nickelbrille auf, der jetzt seinen perversen Gelüsten nachgehen konnte. In seiner abartigen Art stürzte sich der Perverse auf die reglos am Boden liegende Frau, riss ihr die Kleider vom Leib und begann den Körper wie ein Wahnsinniger zu kneifen, zu zwicken, zu schlagen und knetete wie irrsinnig die festen Brüste der Frau.

Herzrasen erfasste ihn. Er begann zu schwitzen.

Schaum bildete sich vor seinem Mund.

Obwohl die Frau stark blutete, ließ er nicht von ihr ab. In seiner Gier war er nicht mehr Herr seiner Sinne.

Einem Trommelwirbel gleich flogen seine Fäuste auf die wehrlose Frau. Dann breitete sich ein Kribbeln in seiner Brust aus. Die brutale Bearbeitung des Körpers der Toten brachte ihn rasch an das ersehnte Ziel. In seinem rasenden Zustand wurde es auf einmal feucht in seiner Hose. Er bekam einen Samenerguss.

Wie aus einem anderen Zustand erwachend ließ er zufrieden von dem geschändeten Körper der Frau ab und stand auf.

Er hatte den Leichnam in einer Form geschändet, die nur dem Trieb eines Menschen, der alle Grenzen des Grauens überwunden hatte, entsprungen sein konnte. Für ihn war der Traum von der vollkommenen Unterwerfung eines weiblichen Wesens wieder einmal wahr geworden und seine unendliche Gier des Besitzens vollends gestillt.

Die Frau, ihm wehrlos ausgeliefert, die Erfüllung aller Begierde, sein uneingeschränktes Eigentum lag vor ihm. Er bemerkte nicht einmal den leeren Blick, es störte ihn nicht, dass sie kein Lebenszeichen mehr von sich gab.

Jetzt machte sich der andere sofort über die Frau her, schnitt ihr mit einem tiefen Schnitt bis zur Wirbelsäule die Kehle durch und trennte ihr einen Finger ab.

An dem Finger befand sich ein Ring, der sich nicht so ohne weiteres abziehen ließ.

Er nahm wie versprochen das Gepäck des Opfers an sich. Es war ja seine Beute.

Diesmal steckte der Sexualtäter, entgegen seiner Gewohnheiten, ein blutiges Wäschestück der Frau ein. Er als sexueller Triebtäter, der nur durch Blut und Mord zu sexueller Befriedigung gelangte, hatte festgestellt, dass ihn die blutigen Wäschestücke seiner Opfer zwar nicht befriedigten, aber immerhin sexuell erregten.

Beide schleppten das Opfer zu dem nahen Brunnen, hoben die Leiche über den Rand und der leblose Körper verschwand aufplumpsend in der Tiefe.

Beide kehrten nach der grausamen Tat mit den Gepäckstücken der Toten nach Hause in die Sowjetzone zurück.

*

Und wieder saß Jörg Seedow in der Redaktion der Südharzer Zeitung an seinem Schreibtisch und versuchte verzweifelt Klarheit in die bereits gefundenen Spuren und Hinweise über die Frauenmorde zu bringen. Es war das reinste Geduldsspiel, aus dem sich langsam ein Bild herauszukristallisieren schien.

Den Telefonhörer am Ohr sortierte er mit der freien Hand das morgendliche Durcheinander auf seinem Schreibtisch. Es waren Aktennotizen, Rundschreiben, Pressenotizen, kriminologische Nachrichten und Informationen über die zahlreichen Frauenmorde, die im Grenzgebiet zwischen Ost und West in den letzten Monaten verübt wurden. Sein Interesse galt besonders den Vorfällen, die damit im unmittelbaren Zusammenhang standen.

Was war das nur für ein Mensch, der auf bestialische Art und Weise Frauen umbrachte und sich anschließend an ihnen sexuell verging?, stellte er sich immer und immer wieder die Frage. Wenn er hier aus der Gegend war, müsste er doch früher oder später zu fassen sein.

Aber wo wohnte er, wo konnte er Unterschlupf gefunden haben?

Zwei Packen Fotos besaß er, die aber nichts Konkretes über den Täter aussagten.

Gleich auf dem ersten Foto eine junge Frau, auf dem Waldboden liegend. Den Kopf eingeschlagen, mit verdrehten Augen, den Mund offen und zerrissene Kleidung.

Endlich meldete sich am anderen Ende der Leitung das zuständige Kommissariat für den Frauenmord und er erkundigte sich bei den Polizeibeamten nach Besonderheiten des Mordes. Dem Polizeibeamten war deutlich anzuhören, dass im das Interesse der Presse an den Frauenmorden nicht so richtig in den Kram passte. Schon bereits nach kurzer Zeit war das Gespräch beendet.

Seedow schob das Telefon zur Seite und überflog weitere Berichte über verschwundene Frauen im Grenzgebiet. Er kramte dabei in der Schreibtischschublade und in den Fächern links und rechts, fand schließlich, was er suchte, genau vor seinen Augen auf dem schwarzen Metallsockel der Schreibtischlampe.

Es war die Lupe.

Er hielt die Lupe vor die Augen, betrachtete ein Foto nach dem anderen. Sie zeigten immer die gleichen Tatsachen: erschlagene, misshandelte und brutal missbrauchte Frauen.

Der Mensch, der zu so etwas fähig war, musste in seinem Leben Misserfolge, Zurückweisungen oder Versagenserlebnisse im sexuellen Umgang mit Frauen erlebt haben, die dieser seelisch und emotional nicht verkraftete. Was der perversen Person auch immer in der Kindheit widerfahren war, hatte sicherlich begonnen erst deren Fantasie zu beflügeln, um sich dann auszumalen, was die Wirklichkeit ihr bisher vorenthalten hatte. Sie schien sich schließlich dorthin zu flüchten, wo sie nicht gehänselt wurde, wo sie es den Frauen heimzahlen konnte. Das Bild eines nackten willenlosen Frauenkörpers, der widerstandslos sadistische Manipulationen duldete, musste dabei überhand nehmen.

In seinen Gedanken so weit gekommen konnte Jörg Seedow nicht mit hundertprozentiger Sicherheit sagen, ob seine Vermutungen stimmten oder ob er total damit falsch lag. Langsam kam er jedoch zu der Annahme, dass dieser Mensch nicht nur einer leichten, sondern einer schweren psychischen Störung unterlag.

Für Seedow stand fest, dass es keine der üblichen Vergewaltigungen waren, sondern bestialische Morde mit anschließender Leichenschändung.

Wie reagierte so ein Mensch nach so einer Tat?

Fühlte er sich ent- oder belastet?

Jörg Seedow fand für all diese Fragen keine plausiblen Antworten.

Nebenan wurschtelte der Chefredakteur in seinem Glaskasten.

Seedow zog ein Foto aus dem zweiten Pack heraus: Eine Frau, etwa Mitte zwanzig, lag in gekrümmter Haltung unter einen Busch. Verkrustetes Blut bedeckte nicht nur ihren Kopf, sondern auch ihren entblößten Busen. Die hochgeschlagenen Kleidungsstücke und die deutlich zu erkennenden Verletzungen zwischen den Beinen wiesen auf den sexuellen Missbrauch der Frau hin. Schleifspuren im Gras ließen die Vermutung zu, das der Fundort der Leiche nicht gleich der Tatort gewesen war.

„Was muss das doch für ein Scheusal sein, das so etwas macht?", murmelte Seedow vor sich hin, ohne von dem Foto aufzublicken.

„Seedow, kommen Sie mal zu mir!", riss ihn der Ruf seines Chefs aus den Gedanken.

„Ich komme sofort!"

Kaum hatte Jörg Seedow den Glaskasten betreten, forderte ihn der Chef auf: „Setzen Sie sich! Sie scheinen mit Ihren Vermutungen über den Serienmörder auf der richtigen Fährte zu sein."

„Wieso haben Sie auf einmal die gleiche Meinung wie ich, Chef? Für Sie war es doch bisher nur die Spinnerei."

„Ist schon gut Seedow! Ich schon wieder eine Meldung über einen Frauenmord bekommen, der nach dem gleichen Muster gestrickt ist, wie die anderen."

„Und wo war es diesmal, Chef?"

„In Hof. Frühmorgens bei Schichtbeginn haben Eisenbahner auf dem Güterbahnhof eine Blutspur und einen Damenschuh gefunden. Sie folgten der auffälligen Spur zu einem sieben Meter tiefen Brunnen. Als die Männer in den Brunnen hinab schauten, erblickten sie auf der Sohle des Schachtes einen leblos, verkrümmt daliegenden menschlichen Körper. Es war die Leiche einer 20- bis 25-jährigen Frau, die laut ärztlicher Untersuchung erst wenige Stunden tot war."

„Was hat die Polizei feststellen können? Hat diese konkrete Hinweise über den Täter gefunden?"

„Die Hofer Mordkommission hat sofort alle Arbeiter und Angestellte des Güterbahnhofes vernommen. Ermittlungen in der Umgebung, besonders in den nah gelegenen Gaststätten angestellt. Dabei sind sie auf einen wichtigen Zeugen gestoßen."

„Was für einen Zeugen und was hat dieser ausgesagt?"

„Es war ein Kellner, der sich daran erinnern konnte, die Frau abends zuvor mit zwei Männern in der Bahnhofswirtschaft gesehen zu haben. Einer der beiden hätte ein rundes Gesicht gehabt und eine billige Nickelbrille getragen."

„Wieder dieser Mann mit der Nickelbrille!", kam es aufgeregt über Jörg Seedows Lippen.

„Hast Recht, die Personenbeschreibung stimmt mit den anderen Fällen überein, also wieder der gleiche Täter."

„Gab es noch etwas?"

„Ja, es gab noch einen weiteren Zeugen, der wollte das Mondgesicht sogar schon des Öfteren in der Gegend gesehen haben und dieser sprach auch noch von einer zweiten Person."

„Hat man den oder die Täter aufgrund der Personenbeschreibungen denn bereits dingfest machen können?"

„Nein. Die sofort eingeleitete Fahndung nach den beiden Männern blieb erfolglos. Die Polizei vermutet offenbar Schieber und häufige Grenzgänger."

„Da liegen die aber ganz falsch. Ich bin mir sicher, das war wieder unser Serienmörder! Wurde wenigstens das Opfer identifiziert?"

„Das verstümmelte Mordopfer konnte auch nicht identifiziert werden."

„Ich bin mir jetzt sicher, dass ich auf der richtigen Spur bin. Um den Mörder zu finden, gehe ich jetzt verstärkt den Hinweisen nach einem Mondgesicht, einem Mann mit einer Nickelbrille nach. Auch wenn es bisher unsere einzige Spur ist, müsste es doch mit dem Teufel zugehen, wenn wir den nicht erwischen. Ich kenne in den Grenzorten einige Leute ganz gut, diese werde ich bitten nach einer solchen Person verstärkt Ausschau zu halte. Vielleicht haben wir Glück!"

„Mal etwas ganz anderes, Seedow, sind Sie der gleichen Meinung wie ich, dass dieser Mörder auch noch stolz auf das ist, was er tut?"

„Stolz? Wie könnte dieser stolz sein?"

„Vergiss nicht, dass der Kerl einen Sprung in der Schüssel hat!"

„Das sagt sich so leicht, oder? … Der Kerl hat 'n Sprung in der Schüssel. Vielleicht versucht er einfach, etwas …"

„Ist gut Seedow", schnitt der Chefredakteur das Wort ab. „Gehen Sie an Ihre Arbeit, aber bitte mit etwas mehr Erfolg!"

Damit war der junge Journalist entlassen und er beherzigte den letzten Hinweis seines Chefs: aber bitte mit etwas mehr Erfolg! Er legte bei der weiteren Suche nach dem Serienmörder den Schwerpunkt auf die Ortschaften Ellrich, Walkenried, Zorge, Braunlage und Benneckenstein.

Mehrere Tage brauchte er dazu, bis er in jedem dieser Orte mit seinen Informanten gesprochen hatte. Außer Hinweise darüber, dass die Person, um die es ging, des Öfteren auch hier gesehen wurde, erhielt er keine näheren Hinweise.

Zum Teufel noch mal!

Beim nochmaligen Überdenken der bisherigen Fakten stellte Jörg Seedow fest, dass sich die Fingerzeige über das Mondgesicht im Raum um Ellrich, Walkenried und Zorge zu verdichten schienen. Er erinnerte sich dabei an Berichte, die vor Monaten in Zeitungen und Illustrierten standen. Immer ging es darin um erschlagene und missbrauchte Frauen. In vielen Fällen konnte ihre Identität nicht ermittelt werden.

Das konnte doch kein Zufall sein?!

War der Serienmörder etwa hier zu finden?

Er musste unbedingt den Hinweisen nachgehen, wie er es schon des Öfteren getan hatte. Leider jedes Mal mit wenig Erfolg. Diesmal stellte sich jedoch die Frage: Wo anfangen?

Da er bereits in Walkenried und in Ellrich gewesen war, blieben auf der Suche nach den Tätern jetzt nur noch die anderen Ortschaften übrig.

Aber auch der Serienmörder blieb nicht untätig, dies zeigte bereits die nächste Meldung, die auf Seedows Schreibtisch flatterte.

Waldarbeiter entdeckten eine bereits stark verweste und kopflose Leiche. Wieder war es eine junge Frau. Sie war nur notdürftig mit Erde bedeckt. Der Kopf, offenbar mit einem scharfen Messer vom Rumpf getrennt, lag mehrere Meter abseits im Gebüsch. Sonstige Verletzungen waren wegen des fortgeschrittenen Verwesungsprozesses nicht mehr festzustellen.

Jörg Seedow nahm sofort mit der zuständigen Polizeibehörde Verbindung auf und erfuhr, dass die Kripo am Tatort einige Fetzen aus der *„Schwäbischen Tageszeitung"* vom 9. und 10. September 1946 gefunden hatten. Die junge Frau konnte jedoch nicht identifiziert werden.

Von den Tätern fehlte abermals jede Spur. Und wieder war es einen Mörder gelungen, im Chaos der Nachkriegszeit unterzutauchen.

Es folgten weitere Morde an alleinstehenden Frauen, häufig an jungen Kriegerwitwen, die sich mit Schmuggel und Kleinkriminalität zwischen den Zonen ein Auskommen zu sichern versuchten.

Am Schreibtisch sitzend, eine dampfende Tasse Kaffee vor sich stehend überdachte Jörg Seedow noch einmal die gewonnenen Erkenntnisse und Ereignisse der vergangenen Tage, Wochen und Monate. Er konnte nicht sagen zum wievielten Male er das nun schon machte. Es musste ihm doch einfach gelingen aufgrund der vorhandenen Unterlagen ein Täterbild zu entwerfen, das ihm helfen sollte, den Mörder aufzuspüren.

*

Ein neuer Komplize war zu den beiden Verbrechern gestoßen. Sie hatten sich, wie konnte es auch anders sein, in einer Kneipe kennengelernt. So begingen sie mal zu zweit und mal zu dritt ihre nächsten Morde, wobei der Neue aufgrund seines anziehenden Aussehens als *„Lockvogel für die Weiber"* dienen sollte. Zuerst erfolgte mit ihm ein harmloser Diebstahl, bei denen sie aber ertappt wurden.

Auch die Morde, die nun in der Zukunft mal zu dritt, manchmal zu zweit begangen wurden, hatten immer das gleiche Strickmuster: Entweder erschlug der mit der Nickelbrille die Frauen oder der hagere Ältere erstach sie mit dem Fallschirmjägermesser.

Eines Tages saßen der Mann mit der Nickelbrille und der *„Lockvogel für die Weiber"* im Wartesaal des Nordhäuser Bahnhofes. Sie hatten sich die Nichtraucher Gaststätte ausgesucht und waren mit einer 27-jährigen Frau ins Gespräch gekommen.

„Ich will in die britische Zone, um dort ein paar Sachen für Weihnachten zu organisieren und – was habt ihr beiden vor?", sprach gerade die Frau.

„Wir wollen auch nach dem Westen", dabei sahen sich die Männer vorsichtig um, als wenn keiner der im Wartesaal Anwesenden es mitbekommen sollte.

„So, ihr wollt auch nach dem Westen, da könnt ihr mich doch eigentlich mitnehmen."

„Das ist für uns kein Problem, wir kennen uns hier aus!"

In diesem Moment betrat eine ältere Frau den Wartesaal. Sie schaute sich um, dabei blieb ihr Blick an dem Tisch mit den zwei Männern und der Frau hängen. Nach kurzem Zögern schritt sie auf die drei zu.

Sofort verstummte die Unterhaltung am Tisch.

Bevor einer von denen am Tisch überhaupt reagieren konnte, sagte die Frau leise: „Kann ich mich zu Ihnen setzten, habe mitbekommen, dass Sie sich hier auskennen und nach dem Westen wollen. Ich will auch nach drüben."

Bild 13: Bahnsteig 5 des Nordhäuser Bahnhofs, von dem die Züge Richtung Ellrich abfahren. Rechts hinter dem weißen Gebäude befindet sich der Bahnsteig für die Harzquerbahn (Foto von 2010).

Die Frau war eine 55-jährige Witwe aus Schleswig-Holstein, die in der sowjetischen Besatzungszone Erbschaftsangelegenheiten geregelt hatte.

„Das kann ein jeder von sich behaupten! Wo kommen Sie denn her und wo wollen Sie überhaupt hin?"

„Ich komme von Arnstadt und will weiter nach Kiel!"

„Können wir Ihnen das glauben?"

„Hätte ich Sie da angesprochen? Sicherlich nicht!"

„Setzen Sie sich!"

Nach langem Hin und Her waren sie sich einig und die beiden Frauen schlossen sich den Männern an. Da diese sich auch noch angeboten hatten sie sicher nach dem Westen zu bringen, hegten die Frauen keinen Zweifel daran zwei ortskundige Männer vor sich zu haben.

Die 55jährige Witwe, die im Gepäck einige Flaschen „*Nordhäuser*" mitführte und auch die 27jährige waren gern auf dieses Angebot eingegangen, zumal diese den Weg nicht genau kannten, und beide Männer einen vertrauenerweckenden Eindruck hinterließen.

Zu diesem Zeitpunkt ahnte noch keine der beiden Frauen, auf was sie sich da eingelassen hatten. Vertrauensseligkeit auf der einen Seite und auf der anderen vorgespielte Freundlichkeit führt in der Regel immer zu Schwierigkeiten, wenn nicht gar zu unerfreulichen Situationen.

„Wir werden die Grenze bei Ellrich überschreiten, dazu müssen wir erst mit dem Zug nach Ilfeld fahren."

„Ist das nicht zu gefährlich?"

„Keinesfalls, wir nutzen doch nicht den Zug, der direkt nach Ellrich fährt. Nach Ilfeld ist es nur ein kleiner Umweg und der ist ungefährlich."

Überzeugt von der Richtigkeit des Tuns der Männer verließen sie zu viert die Bahnhofsgaststätte, überquerten den Bahnhofsvorplatz und betraten den nur wenige Meter entfernt etwas links liegenden Bahnhof der Harzquerbahn, einer Schmalspurbahn, die bis zum Brocken führte. Aber nach der Teilung Deutschlands in die Besatzungszonen befand sich der höchste Berg des Harzes jetzt im Grenzgebiet.

Auf dem Abfahrbahnsteig standen bereits die rot/weißen Waggons mit ihren schwarzen Dächern zur Abfahrt bereit. Aus dem Schornstein der kleinen Lokomotive stieg gleichmäßiger weißer Dampf in die Höhe.

Über eine Plattform, die sich an der Stirnseite der Waggons befand, stiegen sie in den Zug. Kaum hatten die vier auf den, aus gebeizten hellen Holzlatten bestehenden Sitzbänken Platz genommen, ertönte auch schon die Trillerpfeife des Schaffners, die die Abfahrt des Zuges signalisierte.

Einen langen grellen schrillen Pfiff ausstoßend setzte sich die Lokomotive langsam in Bewegung. Die Räder der Lok drehten sich auf der Stelle durch, dann griffen sie auf dem eisernen Schienenstrang. Der Zug wurde schneller und schneller.

Was hieß hier schneller?

Der Zug erreichte eine Geschwindigkeit, bei der man das Gefühl hatte, während der Fahrt abspringen zu können, dann genug Zeit hatte neben den Gleisen Blumen zu pflücken, um mit den Feldblumenstrauß in der Hand wieder auf den letzten Waggon aufzuspringen. Aber jetzt zur Winterszeit war das mit dem Blumenstrauß nicht möglich, da gab es höchstens Eisblumen an den Fenstern der Waggons.

Dampfend und schnaufend zog der „Quirl", so wurde die Harzquerbahn im Volksmund genannt, mit seinem roten Schutzschild, das sich vorn an der Lokomotive kurz über den stählernen Schienenweg befand, durch die verschneite Winterlandschaft. Der Zug zog gemächlich an einzeln stehenden Häusern mit roten Dächern und schneebedeckten Busch- und Baumgruppen vorbei, überquerte Straßen und Wege, um dann wieder schnaufend an dicht zusammenstehenden Häusergruppen vorbei zuziehen.

Auf der Höhe von Niedersachswerfen schimmerten von links weiße Gipsfelsen herüber. Hier im Südhang des Kohnsteins befanden sich die Stollen des ehemaligen Konzentrationslager Mittelbau-Dora. Unter menschenverachtenden Bedingungen mussten die Häftlinge hier so genannte Wunderwaffen produzieren. Es waren die Flügelbombe V1 und die Boden-Boden-Rakete V2.

Über 20.000 der bis aufs Blut Geschundenen ließen bei der Sklavenarbeit, wie sie hier herrschte, ihr manchmal noch junges Leben.

Nach dem Vorrücken der Sowjets nach Thüringen hatten diese die Stolleneingänge gesprengt.

Kraftlos hing die goldene Scheibe der Sonne am eisig blauen Winterhimmel. In der Ferne über den Harzbergen ballten sich erste dicke Schneewolken zusammen. Der Wind trieb sie vor sich her und schon schoben sie sich grau und schwer vor die Sonne.

Der Schienenweg führte jetzt direkt neben der schneebedeckten Landstraße entlang.

Es war seit der Abfahrt des Zuges in Nordhausen noch keinen halbe Stunde vergangen, als dieser dampfend und fauchend auf dem Ilfelder Bahnhof einfuhr.

Die im Hintergrund aufragenden Höhen der verschneiten Harzberge verschwanden im immer dichter werdenden Schneegestöber.

Anfangs tanzten nur wenige weiße Flocken nach dem Lied des Windes. Aber die heranziehenden Wolken trugen eine schwere Last.

Ohne Unterbrechung rieselte der Schnee herab.

Die runde Uhr am weiß gestrichenen Bahnhofsgebäude zeigte auf ihrem Ziffernblatt Viertel vor elf an.

„Hier müssen wir aussteigen", wandte sich der Jüngling an die Frauen. „Jetzt geht es auf Schuster Rappen weiter."

Kaum standen sie auf dem Bahnsteig, begrüßte sie die eisigkalte Winterluft. Wild tanzten die Schneeflocken vom Himmel herunter, die wie scharfe Eiskristalle in die Gesichter fegten.

Eilig verließen die vier den Bahnsteig durch die Absperrung, eine Tür, die sich in einem Holzzaun befand, der neben dem Bahnsteig entlang verlief. Sie schlenderten am Bahnhofsgebäude vorbei, als hätten sie nichts zu tun und schlugen den Weg Richtung Appenrode ein. Jetzt erst beschleunigten sie ihre Schritte.

Es war ein verschneiter Feldweg, der sie am Waldrand unter der Frauenburg entlang bis zur Mündung des Silberbaches führte.

Vor ihnen breitete sich in seiner ganzen weißen Pracht die Winterlandschaft aus.

Der mit der Nickelbrille war besonders fürsorglich. Er band der einen Frau sogar die Schnürsenkel zu und bot sich an ihr Gepäck zu tragen.

Der Weg führte über verschneite Waldpfade, durch mit tiefem Schnee schneebedeckte Felder, und an mit der weißen Pracht behangenen Dickungen vorbei.

Der Wind begann stärker zu blasen und trieb den Dahinmarschierenden die Tränen in die Augen. Weißer Atem bildete sich vor ihren Mündern.

Von der Aufregung der letzten Stunden, dem langen Weg durch das Schneegestöber müde geworden bat Lydia Schmidt, so hieß die 55-jährige Witwe: „Können wir nicht eine kurze Pause einlegen? Ich muss mich für einen Moment ausruhen."

Der jüngere schaute den älteren an.

Dieser nickte und sagte: „Wenn wir einen geeigneten Platz gefunden haben, machen wir eine kurze Rast und Sie können sich für einen Moment ausruhen."

Der Wind peitschte die Flocken empor und trieb dünne weiße Wände vor sich her. Die Heftigkeit des Windes verstärkte sich zum Sturm.

Ungeheure Schneemassen mengten sich immer wieder in die kalte Winterluft. Es heulte und jaulte.

Es war schon anstrengend, besonders für die beiden Frauen, durch den tiefen Schnee zu stapfen. Trotz der Kälte kamen sie dabei ins Schwitzen.

Da tauchten vor ihnen aus dem dichten Schneegestöber schattenhafte Umrisse auf. Beim Näherkommen stellten sie sich als eine Tannenschonung mit dürrem Unterholz heraus.

„Dort unter den schützenden Bäumen können wir die Rast einlegen."

Nach kurzer Zeit hatten sie die Bäume der Tannenschonung erreicht. Die Zweige hingen hier unter der schweren Schneelast weit nach unten.

An einer Stelle, wo der Sturm nicht ganz so kräftig hin blies, meinte der Mann mit der Nickelbrille: „Hier, dieser Fleck scheint mir besonders geeignet!"

Es war ein Ort, wo die Bäume besonders dicht standen und einen natürlichen Schutz gegen die heranbrausenden Schneemassen bildeten. Der eisige Nordwest hatte hier nicht mehr die Kraft wie auf der freien Fläche.

Aus der dichten Schneedecke ragten Stümpfe abgeholzter Bäume heraus, auf denen sie sich niederließen, nachdem sie die Sitzfläche vom Schnee befreiten.

Die ältere Frau packte ihre Tasche aus und bot den Männern Brot und Nordhäuser Doppelkorn an. Und dann erzählte sie dummerweise von einer kleinen Erbschaft.

Das mit dem Schnaps und der Erbschaft hätte sie lieber nicht tun sollen, denn es sollte ihr zum Verhängnis werden.

Auf der freien Fläche, außerhalb der Baumgruppe, schien das Heulen und Pfeifen des Schneesturms nachzulassen. Die schwindende Wucht des Unwetters brach sich an den Bäumen der Tannenschonung. Unter den Nadelbäumen war kaum noch etwas von dem immer schwächer werdenden Brausen des Windes zu spüren.

Nur gut, dass es im Harz keine Wölfe mehr gab.

Dafür gab es aber zweibeinige Wölfe, und die waren in ihrer Gier viel schlimmer und gefährlicher als die grauen Vierbeiner.

Der mit der Nickelbrille, an diesem Tage ausnahmsweise noch nüchtern, riss die Flasche sofort an sich, setzte sie an die Lippen und begann gierig zu schlucken.

„So geht das aber nicht. Geben sie die Flasche sofort wieder her! Die anderen wollen auch etwas davon haben!"

Keine Reaktion.

Als die Witwe ihm die Flasche nun wegnehmen wollte, wurde der Mann wütend und schlug mit seinem „*Wunderknüppel*" auf die vertrauensselige Frau ein.

Im letzten Moment realisierte die Witwe, was da mit ihr geschehen sollte. Abwehrend hob sie den Arm, um die Knüppelschläge abzuwehren.

Der Schläger packte sie mit aller Gewalt, schleuderte die Frau herum, die das Gleichgewicht verlor und in den Schnee fiel.

Das hinderte den Wütenden jedoch nicht daran, weiter auf diese einzuschlagen.

Eine Gegenwehr war unmöglich.

Die Schläge wurden immer heftiger je mehr Blut spritzte.

Der Wütende, der bereits über der Frau kniete und ihren Körper gierig betrachtete, ließ plötzlich von ihr ab, wandte sich an den jüngeren mit den Worten: „Komm her, schlag auch mal zu!"

Dieser, der die ganze Zeit neben der entsetzt blickenden 27-jährigen Frau gestanden hatte, griff zögernd nach dem Knüppel.

„Na los, schlag schon zu!"

Mit dem Knüppel ausholend schlug er zu. Er schlug aber nur einmal zu, schnappte sich dann das Gepäck der Witwe und suchte das Weite.

Mit ihm rannte auch die junge Frau durch den tiefen Schnee davon.

Der Schneesturm war in der Zwischenzeit ganz abgeflaut. Der Wind wirbelte nur noch durchsichtige Schneewölckchen in die Höhe. Wie unzählige kleine Kobolde kreisten die Flocken durch die Luft und fielen den Davonlaufenden auf den Kopf, auf die Kleidung sogar in die Gesichter.

„Was soll das? … Bleibt stehen!"

Der Mann mit seinem „*Wunderknüppel*" in der Hand war einen Moment lang unschlüssig, ob er die Witwe vergewaltigen oder dem Alkohol hinterherlaufen sollte. Aber diesmal siegte der Nordhäuser Doppelkorn über die perfide Lust sein blutüberströmtes Opfer zu quälen. Er ließ von der Frau ab, stand auf und hetzte den Davonlaufenden hinterher.

Zurück blieb die im Schnee liegende besinnungslose Witwe.

Dann und wann ein leises Knacken im Unterholz, das von den dürren Ästen herrührte, denen die Schneelast zu schwer geworden war und zur Erde schwebte.

Nach einigen Stunden bewegte sich die reglose Gestalt. Die Frau erwachte aus ihrer Bewusstlosigkeit, richtete sich mühsam auf und wusste für den ersten Moment nicht, was mit ihr geschehen war.

Ringsum tiefrotes Blut im weißen Schnee.

Der Rucksack weg, ebenso die Männer und die junge Frau.

Sie war mit dem Leben davongekommen.

Die 55-jährige, schwer verletzt und blutend, taumelte ziellos durch die Gegend. Versank in einer tiefen Schneewehe nach der andern, aus denen sie mühsam wieder herauskroch.

Schmerzen, jämmerliche Schmerzen.

Stellenweise kroch die Frau auf allen Vieren, blieb im Schnee liegen und kroch weiter, dabei zog sie eine blutige Spur in der weißen Pracht hinter sich her.

Selbst die schwarzen Vögel, die auf Futtersuche waren, schreckten auf, flogen krächzend und flügelschlagend im weiten Bogen über die weiße Fläche, um sich dann aufplusternd wieder niederzulassen. Dabei die Frau immer im Auge behaltend.

Die Schwerverletzte, die sich nur mühsam dahinschleppte, irrte durch den Sandberg, den Dornberg bis zur Straße, der sie folgte.

Noch in der Nähe des Waldes erblickten zwei Männer die immer wieder zusammenbrechende, dahintorkelnde Frau, die sich nur mühsam vorwärts bewegte.

„Was ist denn mit der los?"

„Ist die besoffen?"

„Nein, die Frau scheint verletzt zu sein, komm wir müssen helfen!"

So gut wie es ging eilten die beiden Männer im Laufschritt durch den tiefen Schnee zu der Frau hin. Bereist beim Näherkommen sahen sie wie übel zugerichtet das Weib aussah.

„Was ist denn mit Ihnen geschehen?"

„Sie sehen ja ganz fürchterlich aus!"

Als Antwort auf die Fragen der Männer kam nur noch ein Gestammel über ihre Lippen. Am Kopf eine Platzwunde und das Gesicht überall mit verkrustetem Blut verklebt.

Die beiden Männer nahmen die Frau in ihre Mitte, brachten sie in aller Eile in das nächste Haus und versorgten ihre Wunden so gut es ging.

Der Arzt Dr. Blumenfeld aus Ilfeld wurde sofort verständigt. Dieser kam so schnell er konnte auf seinem Fahrrad angeradelt. Neben dem Tretesel lief brav sein Schäferhund einher.

Der Doktor untersuchte die Frau und entschloss sich aufgrund der Schwere der Verletzungen nach seiner Erstbehandlung die Frau in das Krankenhaus einzuliefern, um diese dort stationär zu behandeln.

Das Rote Kreuz wurde verständigt und diese transportierten die Frau im Krankentransportwagen nach Neustadt in die Klinik.

Es dauerte mehrere Monate, bis die arme Frau das Krankenhaus verlassen konnte.

Obwohl die Frau Anzeige erstattete und eine genaue Täterbeschreibung abgab, konnten die Kriminalbeamten nichts damit anfangen. Das Verfahren wurde nach Ablauf der Untersuchungsfrist „vorläufig" eingestellt. Und wieder waren die Täter unerkannt entkommen und konnten sich ihrer gerechten Strafe entziehen.

*

Jörg Seedow war schon am Verzweifeln, wenn er dachte, er hatte eine brauchbare Spur, dann verlief diese wieder im Sande. Erhielt er einen Hinweis, dass der Mann mit dem Mondgesicht und der Nickelbrille auf der Nase gesehen wurde, ging er diesem sofort nach, kam aber immer zu spät. Die verdächtige Person war jedes Mal verschwunden. Der Kerl und seine Komplizen mussten mit dem Teufel im Bunde stehen.

Und wieder flatterten Informationen über Morde in dem Grenzgebiet, vorwiegend an Frauen, auf seinen Schreibtisch.

Auf der Landstraße von Quarzenau nach Klenze in Niedersachsen, nahe dem Grenzübergang Bergen wurde einer etwa 25-jährigen jungen Frau der Schädel eingeschlagen. Diesmal nicht mit dem üblichen Mordwerkzeug, dem Hammer, sondern mit einem Feldstein. Die Leiche wurde oberflächlich im Unterholz an der Landstraße verscharrt.

Die Habseligkeiten der Toten waren verschwunden. Entweder hatte sie keine bei sich oder der Täter hatte sie mitgenommen.

Obwohl die Tat bereits im September verübt und Pilzsucher die Leiche bereits 36 Stunden nach der Tat fanden, erhielt Jörg Seedow jetzt erst diese Information. Aus welchem Grund auch immer.

Auch diesmal hatte die Kripo keinen Hinweis auf die Täter gefunden.

Jörg Seedow fragte sich im Stillen, wie viele Morde von Frauen es in den vergangenen Monaten noch gegeben hatte, von denen er bisher nichts wusste.

Ein weiterer Mord, der in das Schema passte, war in der Nähe von Trappstadt auf der Straße Richtung Schlechtsart geschehen. Hier wurde die Leiche einer etwa 25jährigen Schwarzmarkthändlerin aus Stuttgart gefunden. Wie es schien, wollte diese über die Grenze nach Thüringen, um hier amerikanische Zigaretten abzusetzen.

Obwohl der Leiche der Kopf abgeschnitten wurde, hatte man diese nach ihrem Tode noch sexuell missbraucht. Es gab deutliche Anzeichen dafür, dass die Leiche „bearbeitet" wurde. Das hieß irgendjemand hatte den leblosen Körper gekniffen, geschlagen und die Brüste mit brutaler Gewalt geknetet.

Auch diese Tote wurde ausgeraubt. Für Jörg Seedow deutliche Anzeichen dafür, dass hier wieder „sein" Serienmörder am Werk gewesen sein musste.

Ein weiterer Fall weckte das Interesse Jörg Seedows. Es war ein Mord, der im Waldgebiet bei Zorge, und zwar auf dem Gebiet der Ostzone geschah. Hier wurde eine blutüberströmte Leiche gefunden, den Kopf vom Rumpf abgetrennt. Der Kopf wurde nicht gefunden. Die Mörder hatten diesen sicherlich mitgenommen, um ihn in der britischen Besatzungszone fortzuwerfen.

Noch ein Mord, der zwischen Walkenried und Ellrich auf der Höhe der Juliushütte geschah, schien in das Schema der Frauenmorde zu passen. Auch hier wurde die geschändete Leiche einer jungen Frau gefunden, der Kopf abgeschnitten.

Keine Spur von den Tätern.

Es war schon zum Verzweifeln.

Bild 14: Blick auf die Juliushütte. Im Hintergrund die Zwillingstürme der St. Johanniskirche von Ellrich.

So verging der Tag mit den Arbeiten eines allgemeinen Redaktionstages. Artikel verfasst, gesammelte Materialien durchgesehen und Telefonate mit den örtlichen Organen geführt.

Obwohl es Seedow langsam ankotzte, studierte er immer und immer wieder die Unterlagen, stellte die Verletzungen der Opfer gegenüber und ihn beschlich dabei immer mehr die Gewissheit auf der richtigen Spur zu sein. Die Verletzungen wiesen alle die gleiche Handschrift auf. Das äußerst brutale Vorgehen, die Schläge auf den Kopf, der Missbrauch der wehrlosen Körper.

Ja, er war sich sicher, das musste der Lustmörder sein, den er suchte.

Der Frühling begann mit aller Macht seinen Einzug zu halten. Von den Spitzen der glitzernden Eiszapfen, die von den Dachrinnen herabhingen, fielen fette Wassertropfen in den sich bildenden Schneematsch. Die Häuser verloren ihre weißen Mützen, an verschiedenen Stellen leuchteten schon die roten Dachziegel hervor. Unter der Schneefläche, die die Felder und Wiesen bedeckte, kamen die braune Ackererde und das noch gräuliche Grün der Wiesen zum Vorschein.

Die eintretende Schneeschmelze ließ harmlose Bäche zu reißenden Flüssen anschwellen. Erste Schneeglöckchen reckten sich den wärmenden Sonnenstrahlen entgegen.

Gegen 17.00 Uhr wollte Jörg Seedow das Redaktionsgebäude verlassen. Außer ihm befand sich niemand mehr im Büro. Durch die halb offene Tür sah er, dass auch der Glaskasten leer war.

Alpenveilchen und Geranien standen überall auf den Regalen, Schreibtischen und Fensterbrettern.

Während er ein Alpenveilchen und zwei Kaffeetassen samt Büchsenmilch von seinem Schreibtisch zum Nachbartisch schob und zwei übervolle Untertassen mit Kippen, samt Asche in den Abfalleimer leerte klingelte das Telefon.

„Wer will denn da noch etwas von mir?", brummelte er in seinen nicht vorhandenen Bart. Zögernd griff er zum schwarzen Telefonhörer und hob diesen von der Gabel ab. „Ja! Hier Seedow, was gibt es?", meldete er sich.

„Ich bin …!" Eine helle Stimme, etwas brüchig, bemüht um Hochdeutsch, meldete sich.

„Ja, was kann ich für Sie tun?"

„Sie sind der junge Mann, der sich mit den Frauenmorden beschäftigt?"

„Ja, das bin ich. Was gibt es denn?"

Die brüchige Stimme leiser: „Es ist so, denke, ich sollte Ihnen etwas sagen bzw. zeigen. Hab mir das überlegt. Aber ich möchte das nicht am Telefon … Und im Moment kann ich nicht weg … Könnten wir einen Treffpunkt ausmachen?"

„Was ist das für eine Information? Warum kommen Sie nicht hierher?!"

„Das geht nicht. Ich möchte keine falschen Gerüchte in die Welt setzen und deswegen muss ich mich mit Ihnen unter vier Augen unterhalten!"

„Was soll das, für solch einen Unsinn habe ich keine Zeit!"

Jörg Seedow wollte schon den Hörer auf die Gabel zurücklegen, als der Anrufer sagte: „Ich kann Ihnen vielleicht wichtige Hinweise über den Serienkiller geben, den Sie suchen!"

Jetzt wurde Jörg Seedow doch hellhörig. Sollte er etwa das erste Mal konkrete Hinweise erhalten?

„Wäre es Ihnen recht, wenn ich gleich käme?"

„Das geht nicht!"

„Na gut! Wann und wo können wir uns denn da treffen?", lenkte er schnell ein.

„Ich würde sagen, morgen um zwölf in der Ellricher Bahnhofsgaststätte!"

„Und wieso gerade in Ellrich?"

„Dafür gibt es gleich mehrere Gründe, die kann ich Ihnen aber nicht sagen."

„Geht klar, ich komme. Und wie erkenne ich Sie?"

„Ich kenne Sie und das reicht!"

Bevor Jörg Seedow noch etwas erwidern konnte, zeigte im das „Tut, tut, tut …" in der Hörmuschel, dass die Telefonverbindung unterbrochen war.

Am nächsten Tag fuhr Jörg Seedow bereits in den frühen Morgenstunden nach Walkenried. Er blinzelte in die Vormittagssonne, die hinter den Harzbergen emporstieg. Wolken zogen am Himmel entlang und der leichte Wind wehte wie am Abend zuvor.

Ein paar Hunde liefen suchend umher.

Katzen saßen erwartungsvoll vor der Fleischerei des Ortes.

Zwei Männer harkten auf dem Platz den Kies und befreiten Blumenbeete von den letzten Schneeresten.

Niemand sonst störte die Ruhe an diesem Vormittag.

Bei der Fahrt nach Walkenried war er mit seinen Gedanken nicht ganz bei der Sache und wäre fast in die Überbleibsel einer Schneewehe rechts in den Straßengraben gefahren.

Die Sonne fiel wärmend durch die Frontscheibe des Autos.

Seit Wochen der erste schöne Tag.

In Walkenried angekommen fuhr er mit dem Auto auf den Parkplatz am Bahnhof und blieb noch einen Moment lang sitzen, schloss die Augen, reckte seinen Hals und das Kinn in die Sonne. Er öffnete den Hemdkragen. Auch die Haut am Hals sollte die aufsteigende Sonnenwärme spüren.

Da hörte er einen Hund bellen, kurz und heftig.

Jörg Seedow fuhr zusammen und ihm kam wieder zum Bewusstsein, warum er überhaupt hier war. Aus dem Auto aussteigend machte er sich zu Fuß auf den Weg nach Ellrich. Den Weg, der durch das Waldesdickicht des Himmelreiches führte, vorbei am Pontel, in dessen Wasseroberfläche sich der wolkenbehangene Himmel widerspiegelt, kannte er ja bereits. In der Nähe der Juliushütte überquerte er die Zonengrenze.

Auch diesmal hatte er Glück, weit und breit war keine Grenzstreife zu sehen.

Sich kurz nach rechts und links umsehend überquerte er in kurzen Sprüngen die Eisenbahnschienen auf der Höhe des Stellwerkes des Ellricher Bahnhofes, lief in einer ausgetretenen Spur im Schneematsch an den Schienen entlang bis zum Bahnsteig.

Hier standen zahlreiche Reisende, die auf den Zug warteten, der von Nordhausen kam. Der Personenzug, für den hier Endstation war, fuhr bereits nach knapp einer halben Stunde Aufenthalt wieder nach Nordhausen zurück.

Da Jörg Seedow bis zu seinem Treff noch etwas Zeit hatte, mischte er sich unter die Reisenden, um nicht aufzufallen, und lauschte ihren Unterhaltungen.

Es ging dabei nur um persönliche Dinge, die Belange des täglichen Lebens und einige ließen sich über das Verhalten der Russen aus. Nichts, was ihn interessieren konnte und so verlor er das Interesse an den Gesprächen.

Bild 15: Blick auf den Bahnübergang, kurz vor dem Stellwärterhaus unterhalb des Burgberges Richtung ehemaliges KZ „Erich" (1948).

Hinter dem Bahnhof, vor dem Panorama weißer Felsenwände befand sich das Gipswerk.

Bereits nach 10 Minuten fuhr der Zug aus Richtung Woffleben kommend im Bahnhof ein, hielt mit quietschenden Bremsen am Bahnsteig, der außerhalb der Bahnhofüberdachung lag. Jörg Seedow mischte sich unter die aussteigenden Fahrgäste und verließ mit ihnen den Bahnsteig. Ruhigen Schrittes ging er, als wenn er zu den aus Nordhausen angekommenen Reisenden gehörte, durch eine der zwei

Türen, vorbei am Fahrkartenkontrollhäuschen, stieg die ausgetretenen Steinstufen hinauf und befand sich in der Bahnhofsvorhalle.

Links der Fahrkartenschalter und rechts der Gang, der zur Bahnhofsgaststätte führte.

Vor einem der Schaukästen mit den Fahrplänen blieb er stehen, schaute sich vorsichtig um und war zufrieden mit seiner Beobachtung.

Niemand schien von seiner Person Notiz zu nehmen.

Langsam schlenderte er zum Ausgang des Bahnhofgebäudes, trat durch die aus Glasfenstern bestehende Tür und blieb oben auf der Steintreppe, die hinab auf den Bahnhofsvorplatz führte, stehen.

Ein kleiner Junge lief auf dem unebenen Vorplatz im Kreis herum. Er hatte trotz der noch herrschenden Kühle nur ein Unterhemd und eine Turnhose an. Er rannte emsig, mit nach hinten wedelnden Armen, im Kreis und immer im Kreis. Dabei schien es ihm noch riesigen Spaß zu bereiten, durch die sich vom Tauwasser bildenden Pfützen zu springen.

Jörg Seedow schaute auf die Bahnhofsuhr. Es war kurz vor zwölf, also Zeit mit der unbekannten Person Kontakt aufzunehmen.

Zehn Minuten vor Zwölf betrat er die Bahnhofsgaststätte. Hier die gleiche Situation wie in Walkenried, nur dass es weniger zwielichtige Gestalten gab. Sicherlich aus der Angst heraus von den sowjetischen Besatzern erwischt und eingesperrt zu werden.

Jörg Seedow schaute sich kurz um.

In der äußersten Ecke des Raumes, gleich neben dem Fenster, an dem eine einstmals weiße Gardine hing, stand ein Tisch, an dem noch niemand saß.

Als Jörg Seedow zu dem Tisch schritt und sich dort niederließ, schaute der Wirt, der an der Theke stand, hinter ihm her.

Der Platz war ideal, von hier aus hatte er den ganzen Raum im Blickfeld.

Die Zeiger der runden Uhr mit weißem Ziffernblatt, den schwarzen Zahlen und schwarzen Zeigern, die über der Eingangstür zur Gaststätte hing, rückten von Minute zu Minute, von Sekunde zu Sekunde mit ruckender Bewegung auf die Zwölf zu.

Jörg Seedow bestellte sich ein Bier, beobachtete die Menschen, die alleine, zu zweit oder auch zu dritt an den Tischen saßen. Männer und Frauen waren es, die entweder zu den Ellricher Einwohnern gehörten oder Grenzgänger, die auf eine günstige Gelegenheit warteten, die Grenze zu überschreiten, vielleicht hofften sie hier auch einen Grenzführer zu finden. Sicherlich befanden sich unter den Anwesenden auch ganz normale Reisende, die nur mit dem nächsten Zug nach Nordhausen wollten.

Die einen unterhielten sich im lauten Ton, andere flüsterten und an einem der Tische war ein lautstarker Streit ausgebrochen.

Am Nachbartisch las ein weißhaariger kurzsichtiger Mann eine Zeitung.

Pünktlich, der Minutenzeiger der Bahnhofsuhr ruckte gerade auf die Zwölf, betrat ein unscheinbarer Mann, in einem dunklen verbeulten Anzug mit offenem Hemd und schwarzen staubigen Lederschuhen, den Raum. Der etwa 60-jährige schaute sich kurz um, schritt dann zielstrebig auf den Tisch zu, an dem Jörg Seedow saß.

„Sie sind Jörg Seedow, der Journalist?"

„Ja, der bin ich! Und mit wem hab ich die Ehre?"

„Namen tun nichts zur Sache, sie sind Schall und Rauch. Ich bin der, mit dem Sie gestern telefoniert haben! …. Ich freue mich, dass Sie gekommen sind!", sagte dieser, ohne dass er sich die Freude anders denn verbal anmerken ließ.

Ohne die Aufforderung zum Setzen abwartend, schob er den Stuhl an den Tisch und ließ sich neben Jörg Seedow nieder.

„Herr Wirt, ein Bier hätte ich gern!"

Der Wirt brachte sofort das bestellte Bier, das schal und abgestanden aussah.

Am Tisch herrschte Schweigen.

Sie schauten sich taxierend an.

Es verging eine Minute, eine zweite Minute und eine dritte Minute, der Fremde sagte immer noch nichts.

Jörg Seedow wurde immer unruhiger und begann auf seinem Stuhl hin und her zu rutschen. Warum redete sein Gegenüber nichts, hatte der es sich vielleicht wieder anders überlegt?

Der Fremde legte eine Schachtel mit Zigarren und Streichhölzern vor sich auf den Tisch.

Es vergingen weitere zwei Minuten, da konnte Jörg Seedow nicht mehr an sich halten und brach das Schweigen: „Wenn Sie mir schon nicht sagen wollen, wer Sie sind, dann sagen Sie mir wenigstens, welche Informationen Sie für mich haben."

„Sie gestatten doch, dass ich rauche?"

„Aber ja, rauchen Sie. Es stört mich nicht. Antworten brauche ich!"

„Sie haben ganz Recht, wer ich bin, tut nichts zu Sache. Nur so viel: Ich beschäftige mich bereits seit der Zeit, als die amerikanischen Truppen aus Thüringen abzogen, mit Mordfällen, die sich auf das Südharzer Grenzgebiet konzentrierten."

„Und warum gerade auf dieses Gebiet?"

„Ich habe festgestellt, dass dieses Niemandsland ein Nährboden für Mörder ist. Allein auf dem niedersächsischen Gebiet gab es zahlreiche Morde an Männern und Frauen, die in die Hunderte gehen. Und keiner wurde bisher aufgeklärt."

„Das ist ja alles gut und schön. Aber was hat das mit dem Serienmörder zu tun?"

„Ich habe wie sie festgestellt, dass unter den Ermordeten sich zahlreiche Frauenleichen befanden." Der Fremde unterbrach für einen Moment seinen Redefluss, nahm eine Zigarre, biss sie ab, dass sie völlig ausfranste, zündete sie an und lehnte sich auf seinem Stuhl zurück. „Die Frauen wurden nach einem bestimmten Schema brutal erschlagen, misshandelt und missbraucht. Dann gibt es da weiter noch eine nicht geringe Anzahl von vermissten Frauen."

Jörg Seedow sah den Mann an und antwortete: „Ich bin mir nicht sicher, ob das ein Hinweis auf den Serienmörder ist. Habe schon ähnliche Hinweise verfolgt und die Spur ist jedes Mal im Sande verlaufen."

Der etwa 60-jährige sah eine Weile zur Decke, rauchte und sagte dann, ohne Seedow anzusehen: „Ich glaube, diesmal ist es nicht nur eine Spur, sondern es sind konkrete Hinweise auf die Identität des Mörders!"

„Das ist ja prima, nach so etwas habe ich schon lange gesucht", unterbrach ihn euphorisch Jörg Seedow.

„Nun mal langsam mit den jungen Pferden, das, was ich Ihnen jetzt erzähle, haben Sie nicht von mir. Haben wir uns verstanden? Und außerdem haben wir uns nie gesehen!"

„Aber wieso?"

„Das geht Sie nichts an. Und wenn Sie nicht damit einverstanden sind, dann gehe ich sofort wieder und Sie erfahren nichts."

Erstaunt schaute Jörg Seedow den Mann an und antwortete dann zwar etwas zögernd: „Ich hab Sie verstanden, aber …"

„Nichts aber!"

„Ist schon gut. Ich verstehe Sie zwar nicht ganz …!"

„Haben Sie verstanden, wir haben uns nie gesehen?!"

„Ist schon in Ordnung, wir haben uns nie gesehen!"

„Nun gut, dann zu den Informationen. Erhoffen Sie sich aber nicht zu viel. Ich kann Ihnen einiges zur Person des Serienmörders sagen, aber mit einem Namen kann ich nicht dienen!"

Ruckartig wandte Seedow den Kopf seinem Gesprächspartner zu, dessen Gesicht er nicht zu entnehmen vermochte, ob dieser es ernst meint. „Wollen Sie mich veralbern? Gerade der Name interessiert mich. Warum wollen Sie mir den Namen nicht sagen? Welchen Grund gibt's es dafür!"

„Entschuldigen Sie, mir ist es keineswegs zum Scherzen zumute. Die Antwort ist eine ganz einfache. Die Informationen, die ich habe, stammen aus einer Akte des faschistischen Gesundheitsamtes und der Gestapo, da wurden alle Namen geschwärzt."

Für den ersten Moment war Jörg Seedow enttäuscht, aber dann lenkte er ein: „Hauptsache, ich komme mit meiner Arbeit weiter voran, da reicht mir schon der kleinste Hinweis."

„Es sind mir Unterlagen über einen Mann in die Hände gefallen, der aus dem Erzgebirge stammt. Es könnte der Serienmörder sein."

„Aus dem Erzgebirge?"

„Ja, aus dem Erzgebirge!"

„Nun machen Sie schon, was stand in den Unterlagen?" Jörg Seedow wurde immer ungeduldiger.

In der folgenden Unterhaltung ging es dann um einen Mann, der aus Kühberg bei Bärenstein im Erzgebirge stammte, als Fleischerlehrling durch die Tschechoslowakei und das Saarland wanderte, um schließlich als Moses bei der Binnenschifffahrt anzuheuern. Dort war er zuerst Gehilfe im Maschinenraum und in der Kombüse, avancierte zum Leichtmatrosen, wurde Trimmer und schließlich Wachmann. Von der Binnenschifferei wechselte er zur Handelsmarine und schipperte als Schiffsjunge über die Weltmeere bis nach Brasilien. Wochenlang, monatelang dauerten die Fahrten der Motorschiffe der Handelsmarine über die endlos scheinenden weiten Wasserflächen der Ozeane.

Bisher alles Informationen, die mit den Serienmorden keinen Zusammenhang erkennen ließen, was auch Jörg Seedow lautstark äußerte. Er unterbracht den Redefluss mit der Bemerkung: „Was soll ich mit dem Lebenslauf eines Matrosen anfangen? Wo soll denn da ein Hinweis sein auf einen Serienmörder?"

„Abwarten, Abwarten!"

Jetzt erfuhr Jörg Seedow, dass der Schiffsjunge, abgeschnitten von der Welt in seiner Einsamkeit sich in eine bizarre Fantasie- und Erlebniswelt flüchtete. Beim Masturbieren tauchte er jedes Mal in seiner bizarren Fantasiewelt unter. Dabei erschien vor seinen geistigen Augen immer das für ihn verlockende Bild, eine Frau zu töten, zu quälen und Blut fließen zu lassen. Er brauchte das, um zum Samenerguss zu kommen.

„Und das hat alles in der Akte gestanden. Die müssen ja seine Person ganz schön durchleuchtet haben!"

„Das ist noch nicht alles – Es geht noch weiter!"

Und in der Tat war über die Person aus dem Erzgebirge ein pedantischer Nachweis geführt worden. Jedes Mal, wenn der junge Mann diesem Geschäft nachkam, zog er sich in den Kesselraum des Schiffes zurück. Er wollte nicht dabei gestört werden. Aber eines Tage überraschten ihn die Heizer bei dieser sexuellen Selbstbefriedigung. Das Gejohle war groß, was dem jungen Mann überhaupt nicht behagte. So zog er sich immer mehr zurück und liebte die Einsamkeit, wo er seinen perversen Gedanken nachhängen konnte.

Für einen Moment stockte die Unterhaltung. Die Gaststättentür öffnete sich und zwei bewaffnete junge Grenzposten betraten den Raum. Sie schauten sich kurz um, schienen nichts Verdächtiges festzustellen. Bevor sie den Raum wieder verließen, wollte der eine noch vom Wirt wissen, sicherlich der Streifenführer: „Gibt es etwas besonderes?"

„Alles in Ordnung! Ihr wisst doch, wenn es etwas geben würde, hätte ich euch schon lange verständigt."

„In Ordnung!"

Nach dem kurzen Wortwechsel zwischen dem Wirt und dem Grenzer verließen diese den Raum und die Tür schloss sich hinter ihnen.

Jörg Seedow hatte für einen Moment gedacht, dass es jetzt gewesen war. Er atmete erleichtert auf, denn er schien noch einmal Glück gehabt zu haben.

Seinem Gesprächspartner schien es nicht viel anders ergangen zu sein.

Nachdem Jörg Seedow einen langen Zug aus dem Bierglas genommen hatte, sagte er: „Das hätte ins Auge gehen können! Erzählen Sie schon weiter, dass wir zum Ende kommen. So eine Überraschung wie eben können wir nicht noch einmal gebrauchen!"

„Ich versuche mich auf das Wesentliche zu beschränken, aber das ist nicht immer ganz einfach!"

Und so erhielt Jörg Seedow weitere Informationen aus der Akte. Die Heizer nahmen nach dem Einlaufen des Schiffes den Jungen mit in ein Bordell, er sollte sich bei den Huren mal so richtig austoben. Wegen seiner abnormen sexuellen Wünsche lachten die Huren ihn jedoch auch hier aus. Mit Kriegsbeginn kam der Kühberger zur Kriegsmarine und erlebte angeblich hier seine große Zeit, ein Abenteuerleben voller Gefahren und exotischer Weltgegenden und landete schließlich auf dem Wohnschiff „*General Artigas*" in Hamburg. Hier bekam er wegen seiner Trinkerei und Aufsässigkeit schon bald Ärger, wurde zuerst mit Bordarrest und einer Geldstrafe belegt. Wegen eines Wäschediebstahls verbrachte er eine Jahr im Jugendgefängnis. Er hatte schiffseigene Wolldecken allzu großzügig und allzu billig an Hafendirnen verscherbelt. Dann aber wieder als Matrose auf Fahrt im Mittelmeer lebte er seine animalische Genusssucht in Hafenbordellen mit reichlichem Alkohol und „*Fressen*" aus. Für untauglich befunden durch die Seeberufsgenossenschaft erfolgte die Entlassung aus dem Dienst, da er immer wieder epileptische Anfälle erlitt.

„Wenn ich mir das bisher Gesagte betrachte", unterbrach Jörg Seedow den Redefluss des Informanten, „was hat das alles mit einem Serienmörder zu tun? Höchstens seine sexuellen Fantasien und sein abnormales Verhalten Frauen gegenüber."

„Ich habe doch schon einmal gesagt: abwarten, abwarten. Komme noch darauf zu sprechen. Das, was ich bisher erzählt habe, stammt aus dem Ermittlungsbericht der Gestapo, den das Gesundheitsamt anforderte. Einiges, was ich Ihnen jetzt noch erzähle, stammte aus diesem Bericht, das andere aus der Akte des Gesundheitsamtes!"

Die Informationen, die jetzt folgten, beinhalteten die Zeit als Ex-matrose. Dieser arbeitete, eingedeckt seiner Kombüsenerfahrungen nach der Entlassung zwischenzeitlich als Kellner im Marienberger Ratskeller. Hier pflegte er vor allem zwei Hobbys: Er erzählte den Gästen schaurige Krimis, und er schlug Katzen mit der Faust tot und verspeiste sie.

Da er an epileptischen Anfällen litt, alarmierte schließlich seine Wirtin das Gesundheitsamt. Aufgrund eines ärztlichen Gutachtens erfolgte auf der Grundlage der NS-Gesetzgebung die Einleitung eines Erbgesundheitsverfahrens, und hier kam sicherlich auch die Gestapo ins Spiel. Das Verfahren sollte mit der Zwangssterilisierung des Mannes abgeschlossen werden.

„Ich weiß. In Nazideutschland wurden Erbkranke, zu denen man auch die Epileptiker rechnete, unfruchtbar gemacht. Ist es denn dazu gekommen?", bemerkte Jörg Seedow.

„So wie es aussieht nicht. Wenige Tage vor dem geplanten Termin der Zwangssterilisierung wurden die Operationssäle in Dresden und Chemnitz zerstört."

Es schien eine kurze Unterbrechung in der Unterhaltung einzutreten. Scheinbar hatte der Informant weiter nichts zu berichten und war mit seinem Wissen am Ende. Er zog genüsslich an seiner Zigarre.

Und so war es auch.

Erst jetzt roch Jörg Seedow, was der Mann für ein Kraut rauchte. Es stank wie nach *„Bahndamm letzter Hieb".*

„Vielleicht konnte ich etwas helfen. Es gibt einige Anhaltspunkte bei der Person, über die ich Ihnen einiges erzählt habe, die auf Neigungen hinweisen, die in den Taten des Serienmörders auftreten. Meiner Meinung nach, wenn er es wirklich sein sollte, müssen die Ursachen seiner perversen Neigung noch weiter zurückliegen, wenn nicht gar bis in seine Kindheit. Aber darüber steht nichts in den Akten."

„Ob wohl ich mir mehr erhofft hatte, haben Sie mir dennoch geholfen. Der Serienmörder scheint aus seinem Schattendasein immer mehr herauszutreten. Mithilfe der Ortsangaben müsste es doch mit dem Teufel zugehen, wenn ich den Namen dieses Mannes nicht herausbekommen würde!"

„Stellen Sie sich das nicht so einfach vor. Bei der jetzigen politischen Lage werden Sie auf enorme Schwierigkeiten stoßen. Der Osten will nichts von dem Westen wissen und umgekehrt ist das genauso. Aber das überlasse ich Ihnen!"

Nachdem beide ihr Bier ausgetrunken und gezahlt hatten, verabschiedeten sie sich und verließen gleichzeitig die Gaststätte.

Jörg Seedow schaute noch einmal auf den Bahnhofsvorplatz hinaus.

Unten rannte der kleine Junge immer noch im Kreis.

„He!", rief Seedow. „Du kriegst ja 'n Drehwurm!"

Der Junge hörte auf zu laufen, blickte ihn aus dunklen Augen ernst an, drehte sich plötzlich um und lief in Richtung Stadt davon, wieder Kreis um Kreis, gebückt, mit wedelnden Armen.

„Deine Unbekümmertheit möchte ich haben!", rief er noch hinterher, ehe er sich auf den Weg Richtung Walkenried begab.

Scheppernd fuhr der Zug aus Nordhausen ein und hielt mit quietschenden Bremsen auf dem Gleis außerhalb der Bedachung des Bahnsteiges. Männer, Frauen und Kinder drängten aus dem Zug überquerten die Schienen und liefen zum Ausgang.

Bild 16: Blick auf den Bahnhof Ellrich, aus Richtung der ehemaligen Grenze (Foto von 2008).

Reden, Rufen, Geschrei!

Diesmal standen am Ausgang zwei Grenzer, die die Ankommenden kritisch musterten und die Ausweispapiere kontrollierten.

Weit und breit war von dem Informanten nichts mehr zu sehen.

Jörg Seedow befand sich zu diesem Zeitpunkt bereits auf dem Weg nach Walkenried, der ihn vorbeiführte an den zerstörten Baracken des ehemaligen Außenlagers „*Erich*", das zum KZ Mittelbau-Dora gehörte.

Bild 17: Ehemalige Küchenbaracke des KZ Ellrich-Juliushütte, mit Tarnname „Erich", ein Außenlager der KZ Mittelbau-Dora.

Vier Wochen waren seit dem letzten Mord vergangen und sie fühlten sich sicher, gefahrlos durch Blut und Mord, der eine zu sexueller Befriedigung und der andere zu materiellen Werten zu kommen.

Diesmal liefen die beiden Mörder mit einer Frau, die wegen ihrer unweiblichen Formen für den Sexualtriebtäter eigentlich uninteressant war, die Straße von Trappstadt in Richtung des Ortes Schlechtsart entlang. Auf halber Strecke bogen sie in einen Feldweg ein und durchquerten ein mit dichtem Unterholz und Dornengestrüpp bestandenes Buschgelände.

Die Gegend schien wie ausgestorben.

Sie waren noch etwa 20 Meter von der Grenzlinie entfernt.

Der Hagere hatte schon die ganze Zeit die Frau angebaggert und ihr schien das irgendwie zu gefallen.

„Wollen wir mal nicht schnell im Gebüsch verschwinden?"

„Und dein Kumpel?"

„Der bleibt hier auf dem Weg, der hat sowieso kein Interesse an Weibern!"

„Na gut!"

Sich umdrehend schritt der Hagere auf das nahe Gebüsch zu und die Frau folgte ihm zum angeblichen Schäferstündchen. Sie ahnte in diesem Moment noch nicht, dass sie perversen Leichenschändern, Menschen die hemmungslos töteten, in die Hände gefallen war.

Grinsend und ungeduldig wartend blieb der andere auf dem Weg zurück.

Nun geschah wieder das Entsetzliche. Der Hagere zog unbemerkt für die Frau sein Fallschirmjägermesser und schlug mit dem Griff zu.

Die Frau begann zu schreien. Sie schrie um ihr Leben, doch niemand war in der Nähe, der ihre Schreie hören konnte. Ungeachtet der Tatsache, dass die Zweige des Gestrüpps gegen ihr Gesicht peitschten, wollte sie flüchten.

Vergebens.

Bereits nach wenigen Metern holte sie der Mann ein und weitere Schläge mit dem Griff des Messers auf den Kopf folgten und das solange, bis sie blutüberströmt zusammenbrach.

Der Mann betrachte die vor ihm am Boden liegende Frau mit kaltem Blick.

Unmittelbar bewegte sich der am Boden liegende blutüberströmte Leib.

Das verwirrte den Hageren etwas. Er trennte kurzerhand der bewusstlosen Frau den Kopf vom Rumpf.

Der auf dem Weg Stehende hatte den Schrei der Frau gehört und war sofort den beiden gefolgt. Als er sah, dass sein Mordkumpan schon wieder den Kopf vom Rumpf abgetrennt hatte, erschreckte das sogar den hemmungslosen Triebtäter. Ihm ging die Art auf den Nerv, wie sein Partner mit dem Messer arbeitete. Es kostete ihm trotzdem keine Überwindung sich auf die verstümmelte Leiche zu stürzen, auf ihren Bauch zu setzen, mit bloßen Händen auf den Körper einzuschlagen und diesen zu schänden. Seine Erregung steigerte sich so sehr, dass ihm wieder einer abging. Seine pathologische Fixierung hatte sich wieder in seinem abartigen sexuellen Verlangen geäußert, obwohl er diesmal das Opfer nicht *„umgehauen"* hatte, dieses aber trotzdem *„bearbeitete"*. Er schlug, kniff den leblosen Körper, knetet heftig deren Brüste bis zum eigenen Orgasmus.

Unbewusst wurden sicherlich bereits durch Erlebnisse als sexuell unreifes und unerfahrenes Kind die Grundlagen hierfür gelegt, die das weitere Leben zusätzlich anstießen und belebten.

Unbewegt stand er jetzt neben der Leiche und atmete tief durch.

Bevor die beiden sich nach der grausigen Tat aus dem Staube machten, raubten sie schnell noch die Tote aus.

Und nicht nur dass, der Hagere nahm den Kopf der Frau mit. Er wollte ihn erst in der britischen Besatzungszone wieder wegwerfen.

Das war dem Sexualtriebtäter dann doch zu viel. Er lief dreißig Meter vor seinem Spießgesellen her, drehte sich immer wieder um und sah, wie dieser grinsende Mensch mit dem blutigen Kopf in der Hand und den erbeuteten Kleidungs- und Wäschestücken der Ärmsten in der anderen Hand hinterherkam.

„Schmeiß doch den Kopf endlich weg!"

„Nee is nicht", kam die Antwort. „Die Leiche liegt im Russischen, den Kopf schmeiße ich erst im Englischen irgendwo hin.

Dann wissen die nie, wie das Weib ausgesehen hat."

Der Hagere war im Gegensatz zu dem Triebtäter ein kalter überlegender und bewusster Mörder. Ihm ging es um Geld und nicht um die Befriedigung irgendwelcher sexuellen Gelüste.

Der andere liebte dagegen die Sauberkeit, wenn es ihm zu Hause nicht sauber genug war, ging er schimpfend davon und suchte sich ein Opfer. Nach solch einem Streit mit seiner Frau fuhr er in das Grenzgebiet zwischen Ellrich und Walkenried und überquerte hier vier- oder fünfmal die Grenze. Jedes Mal lief er den Pfad am Burgbergcafé hinunter, nutzte den Weg hinüber zur ehemaligen SA-Siedlung, spurtete über das freie Feld, überquerte die Eisenbahngleise zwischen Ellrich und Walkenried noch vor dem Tunnel und erreichte die Häuser der Juliushütte im Westen.

Er hoffte einer Grenzgängerin zu begegnen, die seine Hilfe brauchte.

Auch an diesem Tage waren weder auf der Ost- noch auf der Westseite Grenzstreifen zu sehen.

Auf dem langen Weg hin und zurück nahm er des Öfteren einen Schluck aus der Schnapsflasche, die er bei sich trug.

„Wo sind nur die ganzen Weiber?", murmelte er vor sich hin. Er ärgerte sich, extra mit der Bahn hierher gefahren zu sein, um ein Opfer für die Befriedigung seiner animalischen Gelüste zu finden. Und nun schien alles umsonst gewesen zu sein.

Ihm ging es nicht um die flüchtige Eroberung eines Mädchens oder einer Frau, ihm ging es darum, dass allein seine „Männlichkeit" ausreichend war diesen Frauen zu beweisen, welche Macht er über sie hatte und er letztendlich seine sexuelle Gier befriedigen konnte. Auf welche Art und Weise auch immer!

Mit jedem Überqueren der Grenze, bei dem er kein Opfer traf, wurde sein Frust größer und größer und er versuchte diesen im Alkohol zu ertränken.

Es wurde Abend.

Von dem vielen Hin und Her über die Grenzlinie ganz müde und ziemlich betrunken von dem reichlich geschluckten Schnaps ließ er sich am Rande des Weges nieder.

Ausgerechnet in diesem Moment, es war in der Nähe der Julius-hütte kam eine junge Frau des Weges, sie war etwa 25 Jahre.

Sich zusammenreißend stand der am Wegesrand Sitzende auf und sprach sie an: „Wo wollen Sie denn hin, liebe Frau?"

„Ich will in die britische Zone, meine Eltern besuchen. Kenne Sie sich hier aus?"

„Natürlich kenne ich mich hier aus. Ich kenne jeden Weg und je-den Pfad. Und wenn Sie möchten, kann ich Sie auf den kürzesten Wege nach Walkenried bringen."

„Ist das die Wahrheit?"

„Das ist die Wahrheit und außerdem kenne ich einen Schleich-pfad, auf dem wir ungefährdet die Grenze überschreiten können."

„Wenn das so ist, dann nehme ich natürlich Ihr Angebot an."

Das Mädchen bemerkte zwar, dass der Mann angetrunken war, nahm aber trotzdem dessen Vorschlag dankbar an und fand es dann auch noch besonders nett, dass dieser kein Geld dafür verlangte.

Bild 18: Überreste des ehemaligen Trafohäuschens der Juliushütte, überwuchert von der sich überall ausbreitenden Natur (Foto von 2009).

In seiner Trunkenheit wusste der Mann später nicht mehr, wann er und wie er zugeschlagen hatte. Irgendwo fand er ein Hufeisen am Rande des Weges. Er hob es unbemerkt von der jungen Frau auf und steckte es ein. Irgendwann musste er es dann aus seiner Tasche gezogen und in seinem Sexualrausch damit auf die Frau immer und immer wieder eingeschlagen haben.

Wuuuuummm! Ein Schlag nach dem anderen traf die Arme.

Zersplitternde Knochen krachten.

Blutüberströmt brach das Weib zusammen und war fast bewusstlos. Aber der Schmerz, der jetzt aufzusteigen begann, machte sie wieder wach.

Der Mann stürzte sich auf die am Boden liegende Frau und schlug weiter mit dem Hufeisen auf den sich am Boden vor Schmerzen windenden Körper ein.

Vergeblich versuchte die sich hin und her windende Frau zu befreien.

Mit kräftiger Hand wurden ihre Arme herunter und die Beine weggedrückt. Und dann folgte wieder Schlag auf Schlag.

Das Blut des Opfers spritzte auf die Kleidung des Täters, in sein Gesicht.

Der offene Mund des Opfers stieß einen leisen hohlen Ton aus. Das hohle Stöhnen, das nicht aufhören wollte, machte den Triebtäter immer rasender. Der Puls schien zu explodieren und er bekam seine Erektion.

Da öffneten sich plötzlich die Augen der Frau wie bei einer Puppe, starrten den über sie Gebeugten an und ihre Lippen formten ein Wort: „Bitte!"

Unbarmherzig schlug der Sexualmörder auf sein Opfer ein, das Tränen in den Augen hatte. Ein letzter Aufschrei, dann streckte sich der brutal mit dem Hufeisen bearbeitete Körper und lag reglos im Staub des Weges.

Jetzt erst ließ der Mörder von der Frau ab und torkelte in seinem Suff zu den 200 Meter entfernt stehenden Fichten. Dabei fiel er hin, stand wieder auf, torkelte weiter, fiel wieder hin, um sich erneut aufzuraffen, fiel wieder hin, um liegen zu bleiben.

In seinem Rausch schlief er ein.

Als er erwachte, betrachtete er seine mit verkrustetem Blut beschmierten Hände, die von Blut besudelte Kleidung und entdeckte dabei das blutverschmierte Hufeisen, das er noch immer in der Hand hielt.

Bild 19: Himmelreich mit Blick auf den Itel.

Er hatte in die Hose gepisst und sich in die Zunge gebissen, Zeichen eines epileptischen Anfalls.

Für ihn war klar, er hatte wieder einmal ganze Arbeit geleistet. Nur wusste er nicht mehr, ob er sich sexuell befriedigt hatte, irgendwie hatte er einen Filmriss. Ohne sich weiter um die Frau oder ihr Gepäck zu kümmern, schlenderte er fast achtlos davon, verschwand im dichten Gebüsch des Himmelreiches und registrierte dabei zum wiederholten Mal, wie leicht es doch war seine Opfer „*still*" zu machen.

Wieder hatte sich seine pathologische Fixierung abgezeichnet, nur mit dem Unterschied, dass er sein Opfer zwar auch diesmal erschlagen, aber anschließend, aufgrund des reichlichen Alkoholgenusses nicht sexuell missbraucht hatte.

Wie eingeschliffen sein Tatverhalten war, zeigte der Sachverhalt, wenn er sein Mordwerkzeug, den Hammer oder ähnliche Schlaginstrumente, nicht bei sich hatte, dann überlebte schon mal ein von ihm ausgesuchtes Opfer. So ging er nach einer Tötungshandlung nach Zorge und traf auf dem Bahnsteig in Benneckenstein eine Frau, das über die Grenze wollte.

Sie war der richtige Fall für ihn, denn das Mädchen hatte einen fetten Hintern und pralle Brüste. Solche Frauen gefielen ihm, denn dann hatte er auch was in den Händen.

Bevor er die Bekanntschaft mit der Frau suchte, überprüfte er, ob er das entsprechende Mordinstrument bei sich hatte.

Vergeblich, trotz allen Suchens fand er nicht den entsprechenden Tötungsapparat, wie er immer sein Mordwerkzeug nannte, mit denen er seine Opfer „*umhaute*".

Er verschonte die Frau, weil eine andere Tötungsart nicht seinem perversen Drang entsprach. In seinem Kopf plante er jedes Mal präzise den Mord, und wenn etwas nicht stimmte, ließ er davon ab. So wurde diese junge Frau von seinen Mordgelüsten verschont.

*

Die Mittagssonne schien durch die Fensterscheiben in den Redaktionsraum der Südharzer Zeitung und zeichnete helle Kringel und Schatten auf die Schreibtische. An einem saß Jörg Seedow, der neue Hinweise auf vielleicht mögliche Taten des Serienmörders vor sich liegen hatte. Unter ihnen befand sich ein Hinweis, der eigentlich untypisch für den Serienmörder war.

Zwischen Ellrich und Walkenried fand man eine blutüberströmte Frauenleiche, die mit einem Hufeisen erschlagen wurde.

Wenn die Polizei auch in diesem Fall nicht an die Tat eines Serienmörders glaubte, war für Jörg Seedow jedoch die Sache klar, hier hatte der Serienmörder wieder einmal ganze Arbeit geleistet. Die Frau hatte jedoch noch ihre Kleider an und es gab weder Anzeichen für ein Sexualverbrechen noch für eine Beraubung des Opfers. Sollte der Serienmörder in seinem Wahn, in seinem Blutrausch, etwa schon nur durch das Erschlagen seiner Opfer zur Befriedigung kommen?

Schon eine recht seltsame Sache …

Hinweise auf den Täter oder die näheren Tatumstände fehlten und so verlief die Ermittlung der Kripo auch dieses Mal im Sande.

Jörg Seedow ließ sich auch in diesem Fall nicht von der einmal von ihm gefassten Meinung abbringen. Er hatte so ein Gefühl und das hatte ihn bisher nie betrogen.

Dass gleiche galt für die 49jährige Hausfrau, die aus Cottbus stammte, und ihren Sohn, der in der britischen Zone bei einem Bauern arbeitete, besuchte. Der Sohn hatte die Mutter vor der Heimreise noch mit Lebensmitteln versorgt. Die Frau musste bei der Suche nach einem Grenzführer an den Serienmörder geraten sein. Ihr bestialisch zugerichteter Körper und geschändeter Leib wurde in unmittelbarer Nähe der Grenze gefunden. Die Lebensmittel waren verschwunden und von dem Täter gab es wie so oft keine Spur.

Diese schockierenden Frauenmorde lagen schon einige Zeit zurück, die mit einem Schädelfund bei Zorge schlagartig abbrachen.

Dafür erhielt Jörg Seedow jedoch Hinweise über zwei Männer, die seit kurzer Zeit sich in Zorge aufhielten. Diese hatten dort Quartier besorgt und schnell Anschluss an das gesellschaftliche Leben des Ortes gefunden. Besonders der Stämmige mit der Nickelbrille schien ein umgänglicher Mensch zu sein, er spielte sogar gemeinsam mit den Ortsansässigen Fußball.

Als „Betriebskapital" hatte der eine von ihnen Schnaps mitgebracht, sicherlich aus Schwarzmarktgeschäften stammend.

Trotzdem schien mit diesen beiden Männern, auch wenn sie ihren Unterhalt von dem Einkommen als Waldarbeiter bestritten, etwas nicht zustimmen.

Dort, wo der Mann mit dem runden Gesicht auftauchte, war anschließend immer etwas verschwunden.

Mal Kleidungsstücke, mal Federvieh und zahlreiche Katzen.

Der Eine, von Gestalt klein und gedrungen, mit aufgeschwemmtem Gesicht und tätowierten Armen, besuchte des Öfteren den Braunschweiger Hof, eine Gaststätte des Ortes. Hier nahm er Bier und andere alkoholische Getränke im reichlichen Maße zu sich.

Also ein Trinker.

Aber das musste nicht unbedingt auf eine der gesuchten Personen hinweisen, die mit den Ermordungen der Frauen in Verbindung standen. Es gab zu dieser Zeit viele, die versuchten ihren Kummer im Alkohol zu ertränken.

Bild 20: Zorge, in einem idyllischen Tal liegender Luftkurort.

Das Gravierende war jedoch, dass dieser Mensch bei Zurückweisungen schnell die Beherrschung verlor. Wenn gar ein Anderer das Mädchen noch in Schutz nahm, welches er belästigte, dann kam es nicht selten vor, dass der Kerl die Fassung verlor, nach dem Bierglas griff und es seinem Widersacher auf den Kopf schlug. Nicht nur das, der Mann bekam auch epileptische Anfälle, fiel um, schlug um sich und war danach marode, schwach und matt.

Mit der Zeit fiel den Bürgern des Ortes Zorge auf, dass die beiden Männer, die recht und schlecht in dem Harzort lebten, ein Doppelleben führen mussten. Mal waren diese als Grenzführer unterwegs, verschwanden für viele Wochen, dann arbeiteten sie wieder im Holz.

Besonders, wo der kleine Dickliche mit der Nickelbrille arbeitete, verschwanden immer wieder Äxte.

Und nicht nur das, auch um Zorge spielte sich Unheimliches ab.

Eines Nachts hörten die Einwohner des Ortes das Schreien eines Menschen. Am nächsten Tag fand man in Richtung des Stauffenbergs den Kopf einer Frau, aber die Suche nach dem Körper blieb erfolglos und endete an der Grenze.

Argwohn machte sich in dem Harzort breit.

So stellte sich Jörg Seedow die Fragen: Wer waren diese Männer? Hatten sie etwas mit den Frauenmorden zu tun?

Und dann trug einer von ihnen noch eine Nickelbrille.

Konnte das ein Zufall sein?

Alles schien darauf hinzuweisen, dass es kein Zufall war, aber die konkreten Beweise fehlten. Ohne diese konnte man gegen die Beiden nicht vorgehen.

Das Gute an der Sache war für Jörg Seedow, dass er die Namen der beiden Männer in Erfahrung bringen konnte und jetzt die Möglichkeit besaß über diese Personen nähere Auskünfte einholen zu können.

Der mit den epileptischen Anfällen hieß Rudolf Pleil und stammt aus Kühberg bei Bärenstein im sächsischen Erzgebirge. Ein Dorf, das nahe der tschechischen Grenze lag.

War in der Akte von der Gestapo nicht auch die Rede von einem Ort an der tschechischen Grenze? Irgendwie konnte sich Seedow noch daran erinnern.

An dieser Grenze sollte Anfang der dreißiger Jahre ein reges Leben auf beiden Seiten des Pohlbaches geherrscht haben. Die Grenze wurde kaum wahrgenommen.

Bild 21: Kühberg im Erzgebirge (1941).

Die Weiperten, Kühbergern fühlten sich bei den Bärensteinern oder Umgekehrt wie zu Hause. So wurden in der Zeit der *„ offenen Grenze "* unter den Familien viele Ehen eingegangen, bis die Grenze zur Tschechoslowakei geschlossen wurde. Die tschechischen Grenzposten machten bei einem Grenzdurchbruch sofort von der Schusswaffe Gebrauch. Mit der Roten Armee auf der deutschen Seite waren auf der tschechischen Seite die Swoboda-Gardisten eingerückt.

Jörg Seedows weitere Recherchen ergaben, dass Pleil hier in einem recht zerrütteten Elternhaus aufgewachsen sein musste. Der Vater, ein alkoholabhängiger Industriearbeiter und Kommunist, war zur Nazizeit in das Fadenkreuz der faschistischen Machthaber geraten. Seine Mutter, eine Herumtreiberin, die regelmäßig von ihrem Mann, dem stadtbekannten Trunkenbold, verprügelt wurde. Die schwachsinnige Schwester hatte man beizeiten wegen Epilepsie sterilisiert.

Der Bruder musste schon sehr früh gestorben sein.

Mit der Machtergreifung durch die Faschisten veränderte sich die Situation an der Grenze. Neben dem Zoll beobachteten jetzt auch die bewaffneten Streifen der SA und SS die Grenzen und führten strenge Kontrollen durch.

Jörg Seedow erfuhr, dass Pleil als neunjähriges Kind beim Überqueren der Grenze zur Tschechoslowakei des Öfteren festgenommen wurde, aber man ließ ihn immer wieder laufen.

Alles deutete darauf hin, dass die Eltern den Jungen als Waldläufer und Grenzgänger missbrauchten und dieser beim Schokoladenschmuggel über die Grenze tatkräftig mithelfen musste.

Durch die fehlende Einflussnahme der Eltern ging Pleil öfter an der Schule vorbei, als in diese hinein. Er widmete sich lieber dem Geschäft der Schmuggelei und entwickelte in seinem „Handwerk" genug Pfiffigkeit, um mit dem illegalen Schleichhandel seine arbeitslosen Eltern und die an Fallsucht leidende Schwester unterstützen zu können.

Der als schwacher Schüler bekannte Pleil blieb dreimal sitzen.

Obwohl Rudolf Pleil ein kontaktfreudiges Kind war, wurde er als jähzornig eingeschätzt, wenn er die geforderte Anerkennung von andern Kindern nicht erhielt.

Mit dem Abschluss der 5. Klasse verließ Rudolf Pleil die Schule.

Dann schien es etwas mit der Familie Pleil aufwärts gegangen zu sein, denn der Vater eröffnete einen kleinen Laden. Er konnte es aber nicht lassen sich weiter als Schmuggler im deutsch-tschechischen Grenzgebiet zu betätigen.

Das war für Jörg Seedow ein naheliegender Beweis, dass der Junge dem Vater nicht nur im Laden zur Hand gehen musste, sondern diesen auch weiter eifrig bei der Schmuggelei über die nahe Grenze unterstützte.

Mit dem Einmarsch der deutschen Truppen in Polen veränderten sich die Lebensbedingungen für die Menschen in Kühberg drastisch. Die meisten Männer mussten den Heimatort verlassen, um den Kriegsdienst anzutreten. Viele Frauen und Männer wurden zur Arbeit in Rüstungsbetriebe und Verteidigungsanlagen verpflichtet.

Rudolf Pleil fuhr zur See.

Kurz vor dem Zusammenbruch des Dritten Reiches landete Pleil als Koch in einem Fremdarbeiterlager für italienische Zwangsarbeiter mit dem beschönigenden Namen „*Gelobtland*". Die italienischen Militärinternierten wurden wegen des ständigen Anwachsens immer fehlender Arbeitskräfte hier in der Rüstungsindustrie eingesetzt, um ihre Arbeitskraft genauso auszubeuten wie die der KZ-Häftlinge.

Jörg Seedow konnte nicht begreifen, wie die deutschen Machthaber nur ihre ehemaligen Verbündeten so behandeln konnten.

Mit dem Einmarsch der Roten Armee war Pleil in seinen Geburtsort zurückgekehrt und hatte geheiratet.

Nach seiner Heirat stellte ihn die sowjetische Militärbehörde als Hilfspolizist ein. Als Waffe erhielt er ein Kleinkalibergewehr, das er stets als Symbol seiner Macht bei sich trug.

Interessant war für Jörg Seedow das Protokoll, das er in den Händen hielt, über eine Festnahme von zwei Plünderern durch den Hilfspolizisten Pleil. Aus den Aufzeichnungen ging hervor, dass sich bei der Festnahme unabsichtlich aus der Waffe ein Schuss löste und einer der Festgenommen, einen plündernden „*Ostarbeiter*" an der Hüfte verletzte. Pleil untersuchte die Wunde und legte einen Hüftverband an, dabei ging er nicht gerade zimperlich mit dem Verletzten um.

Der Mann musste vor Schmerzen gestöhnt haben.

Als Jörg Seedow nun las, dass Pleil den Mann ins Gesicht geschlagen hatte und ihn anschrie ‚Halt die Schnauze! Sei froh, dass ich dir helfe!' stutzte er. Waren das nicht Anzeichen für die Brutalität Pleils, denn so etwas machte doch kein normaler Mensch im Umgang mit verletzten und hilflosen Menschen.

Und dann auch das noch, dass die Schmerzen des geschlagenen Rudolf Pleil irgendwie erregten.

Aus dem Bericht ging weiter hervor, dass Pleil nach seiner kurzen Gastrolle als Hilfspolizist als „*Einkäufer*" für eine Holzfirma arbeitete. Dieses Unternehmen sollte diverse Schwarzmarktgeschäfte über die Zonengrenze hinweg betrieben haben.

Vergeblich versuchte Seedow weitere Informationen über die Person Pleil zu finden. Die Spur verlor sich im Wirr-Warr der Nachkriegszeit.

Hinweise über den Mann, mit dem Rudolf Pleil in Zorge immer zusammenhing, in Erfahrung zu bringen waren von wenig Erfolg gekrönt. Um nicht zu sagen: Sie waren recht dürftig. Jörg Seedow wusste nach seinen Ermittlungen nur, dass der hagere ältere Kerl Karl Hoffmann hieß, den Beruf eines Nadelsetzers erlernte und wie Pleil für die gleiche Firma als *„Einkäufer"* gearbeitet hatte. Er war geschieden und lebte jetzt mit einer Geliebten zusammen.

Das war alles.

In Jörg Seedow stiegen trotz alledem immer wieder neue Zweifel empor, ob er mit diesen zwei Personen, die Serienmörder vor sich hatte. Er war sich nicht schlüssig.

Was konnte er da nur tun?

Er ließ alle bisherigen Resultate seiner Ermittlungen noch einmal vor seinem geistigen Augen vorüberziehen, las alle Unterlagen, die er bisher über die Morde ergattern konnte, noch einmal durch, unterbrochen durch Telefonanrufe, von denen eins nutzloser war als das andere. Er ackerte all das durch, was schon andere einige Male vor ihm durchgearbeitet hatten.

Bisher kein Erfolg versprechendes Ergebnis.

Aber je intensiver er sich jetzt mit dem Fall beschäftigte, umso mehr setzte sich bei ihm ein viel versprechender Entschluss fest, den er sofort in die Tat umsetzen musste.

Er stand auf, ging in den Glaskasten, um dem Chefredakteur seine Idee vorzutragen.

Dieser schaute von seiner Arbeit kurz auf und sagte: „Was gibt es?"

„Nichts für ungut, Chef, dass ich störe. Habe Hinweise über zwei Personen in Zorge erhalten, die mit den Serienmorden etwas zu tun haben könnten. Ich habe bereits ihre Namen herausbekommen. Möchte deswegen nächste Woche nach Zorge fahren, um diese Personen zu beobachten und dabei gleichzeitig die Gelegenheit nutzen, um weitere Informationen über die beiden Männer bei den Ortsansässigen einzuholen", polterte Seedow sofort los. „Wie sieht es aus, Chef? Kann ich deswegen nächste Woche nach Zorge fahren? Vielleicht, nein nicht nur vielleicht, bestimmt werde ich auf Hinweise stoßen, die den Verdacht bestätigen und zur Verhaftung des Serienmörders führen."

„Seedow sind Sie sich da ganz sicher oder ist das nur wieder so ein Hirngespinst von Ihnen? Bisher hat doch noch keine Ihrer Vermutungen zu einem greifbaren Ergebnis geführt und außerdem fallen Sie hier in der Redaktion für eine Woche aus. Ich muss dann die für Sie vorgesehenen Arbeiten auf die anderen Mitarbeiter verteilen. Die werden sich bestimmt freuen."

„Chef, ich bin mir diesmal ganz sicher."

Jörg Seedow einen Moment lang mit skeptischen Blicken anschauend, antwortete er dann doch, zwar immer noch zögernd: „Na gut, fahren Sie. Wenn Sie wirklich etwas in Erfahrung bringen sollten, ist das ja auch gut für das Ansehen unserer Zeitung und deren Auflagenhöhe. Wir haben dann die Informationen aus erster Hand."

*

Auf der harten Holzbank des Personenzuges nach Walkenried saß ein Hamburger Kaufmann, der sich angeregt mit seinem Gegenüber, einen jungen etwas dicklichen Mann, der recht redselig war, unterhielt.

„Wo wollen Sie denn hin?"

„Ich will nach Berlin, um hier in meinem durch Bomben zerstörten Haus nach Überresten meiner Habe zu suchen", antwortete der Kaufmann vertrauensselig.

„Da müssen Sie ja über die Grenze, haben Sie denn die notwendigen Papiere?"

„Nein … Ich hoffe doch hier eine ortskundige Person zu finden, die mich für ein gewisses Entgelt über die Grenze bringt."

„Da haben Sie aber Glück!"

„Wieso?"

„Ich kenne mich hier aus. Wohne in Zorge und kann helfen!"

„Das machen Sie doch nicht aus reiner Menschenliebe?"

„Das ist richtig. Für das bestimmte Entgelt, von dem Sie sprachen, bringe ich Sie über die Grenze", kam die freundliche Antwort.

Als der Zug auf dem Bahnsteig des Walkenrieder Bahnhofes hielt, waren sich beide einig, der junge Mann aus Zorge würde den Hamburger Kaufmann über die Grenze bringen.

Da es Sonntag war, fuhr an diesem Tag kein Linienbus nach Zorge. Vergeblich versuchten sie eine Mitfahrgelegenheit in den nahe liegenden Nachbarort zu finden. Zum Schluss blieb ihnen nichts anderes übrig als sich zu Fuß auf den Weg zu begeben.

Bei dem herrlichen Wetter kein Problem. Die Sonne sendete ihre wärmenden Strahlen von dem azurblauen Himmel herab, an dem vereinzelte weiß gefiederte Wolken dahinsegelten.

Einen großen Bogen um die verräucherte Bahnhofsgaststätte machend ging es auf Schusters Rappen Richtung Zorge. Die Straße führte aus dem Ort hinaus, vorbei an Wiesen und Feldern, wo man bis nach dem Osten blicken konnte. Dort verlief die Grenze zwischen den beiden Besatzungszonen.

Kurz vor Zorge ging es durch einen Wald, hohe Bäume mit ihren dichten Kronen säumten hier rechts und links den Weg.

In angeregter Unterhaltung über Gott und die Welt erreichten die beiden Männer den Ort Zorge.

„Ich nehme Sie mit auf mein Zimmer", meinte der junge Mann. „Hier könne Sie sich erst einmal frisch machen!"

„Das ist aber nett von Ihnen!"

Nachdem sich der 52jährige Hamburger erfrischt hatte, meinte er: „Ich schaue mich mal kurz im Ort um. Wir können uns ja dann zum Abendessen in einer Gaststätte treffen."

„Ich würde den Braunschweiger Hof vorschlagen. Hier ist das Essen billig und es schmeckt!" Der junge Mann aus Zorge hielt sich hier des Öfteren auf, trank reichlich Bier und andere alkoholische Getränke.

Es begann dunkel zu werden, die Lichter in der Gasstube brannten bereits, als sich die beiden zu einem ausgiebigen Abendessen im Braunschweiger Hof trafen.

Auch an diesem Abend trank der junge Mann reichlich Alkohol. Als anschließend der Hamburger Kaufmann bereitwillig die Zeche zahlte, war sein Gegenüber bereits ziemlich angetrunken.

Bild 22: Der Braunschweiger Hof in Zorge, Anlaufpunkt für Rudolf Pleil.

„Wie sieht es aus, wollen wir heute noch über die Grenze?"

„Haben Sie nicht zu viel getrunken? Finden Sie denn noch den richtigen Weg?", wollte der Hamburger skeptisch wissen.

„Kein Problem. Ich kenne die Gegend wie meine Westentasche."

„Wenn das so ist, worauf warten wir denn da noch?"

Es war gegen zwanzig Uhr als sie die Gaststätte verließen, um sich in Richtung Grenze zu entfernten.

Es war eine unheimliche dunkle Nacht. Hinter der dichten Wolkendecke verschwanden immer wieder der Mond und die Sterne.

Hier und dort bellte ein Hund.

Der Wind pfiff gar schauerlich durch das rauschende Blätterdach des nahen Waldes.

Sie waren noch nicht allzu lange gelaufen, da kam ihnen auf dem Waldweg ein Mann entgegen, der sich mit neugierigen Blicken nach den beiden umdrehte und ihnen nachsah, bis sie in der Dunkelheit der Nacht Richtung Staufenberg verschwanden. Dabei stellte der Vorübergehende fest, dass die Person, die wie ein gemütlicher Wehrmachtskoch aussah, doch schon recht angetrunken sein musste. Der leicht torkelnde Schritt ließ keine andere Schlussfolgerung zu.

Endlos schien sich der dunkle Waldweg hinzuziehen.

Hin und wieder blinkten durch das dichte Blätterdach über den Köpfen der beiden Grenzgänger die zahlreichen Sterne am nächtlichen Himmel, denn die Wolken schienen sich verzogen zu haben.

Der Mond verbreitete sein gespenstisches diffuses Licht.

Die beiden Männer waren bereits über eine halbe Stunde unterwegs, als der junge Mann plötzlich stehen blieb, sich wie erschrocken an den Kopf fasste und sich mit den Worten an den Kaufmann wandte: „Ich muss noch einmal schnell zurück!"

„Warum? … Wieso? …", kam die erstaunte Antwort.

„Mir ist gerade eingefallen, ich habe noch etwas vergessen!"

„Was kann das schon so Wichtiges sein, was Sie vergessen haben?"

„Ich habe die Axt vergessen, die ich meiner Schwiegermutter in Nordhausen mitbringen soll. Und Sie wissen doch, wie Schwiegermütter sind?"

„Ich weiß zwar nicht, was Sie damit meinen. Gehen Sie schon und holen Sie die Axt. Ich warte hier."

„Wird Ihnen da die Zeit nicht zu lang? Es dauert bestimmt eine Stunde, ehe ich wieder zurück bin."

„Hören Sie auf mit dem Gerede. Gehen Sie schon, ich will noch heute über die Grenze kommen!"

Der Hamburger Kaufmann setzte sich auf den nächsten Baumstumpf und der aus Zorge lief mit eiligen Schritten zu seiner Unterkunft zurück. Hier steckte er das Beil in den Rucksack. Es war eine Holzhackeraxt, ihr langer Stiel ragte aus dem Rucksack heraus.

Dem Hamburger Kaufmann, der gelangweilt auf dem Baumstumpf saß, ging in der Zwischenzeit die Warterei auf den Keks. Hin und wieder stand er auf und lief auf dem Waldweg hin und her, um sich dann wieder zu setzen.

So verging eine halbe Stunde. Nach einer weiteren halbe Stunde war von dem jungen Mann immer noch nichts zu sehen.

Wollte dieser Kerl ihn hier etwa sitzen lassen, schoss es dem Hamburger durch den Kopf. Unsinn, das würde der doch nicht machen, der war doch scharf auf sein Geld.

Es mussten bereits anderthalb Stunden vergangen sein. Der immer ungeduldiger werdende Kaufmann saß wieder auf dem Baumstumpf und lauschte den unheimlichen Geräuschen der Nacht. Er glaubte das Wispern der Bäume, ihr Flüstern zu hören und da: noch andere Stimmen: Hohes und keckerndes Lachen.

Über sein Gesicht breitete sich ein Lächeln und er stellte sich vor, wie ein Schwarm Hexen durch den Wald fegte, durch das Laubwerk strich mit leichtem Rascheln einer Brise. Wie riesige Gespenster sahen in der Dunkelheit schon die kleinen und großen Bäume des dichten Waldes aus.

Er hörte die Schläge seines Herzens, ruhig und langsam.

Waldgeister, Gnome und andere Sagengestalten des Harzes schienen zum Leben zu erwachen. Der Mann auf dem Baumstumpf ließ sich von ihnen aber nicht ins Boxhorn jagen.

Plötzlich horchte der auf dem Baumstumpf Sitzende auf: Da, waren das nicht Schritte?

Ja, es waren Schritte, der Kaufmann hatte sich nicht getäuscht. Es waren knirschende Schritte auf dem Kiesweg aus Richtung Zorge, die immer lauter wurden. Nach wenigen Minuten tauchte endlich der junge Mann aus der Dunkelheit auf.

„Wird ja Zeit, dass Sie kommen!"

„Habe mich schon beeilt. Schneller ging es nicht."

„Hätten Sie in der Gaststätte nicht so viel getrunken, dann wäre das nicht passiert."

„Was soll das heißen? Ich habe nicht so viel getrunken!", kam aufbrausend die Antwort.

„Ist schon gut", lenkte beschwichtigend der Kaufmann ein. Wenn er sich jetzt noch auf eine sinnlose Diskussion einließ, wer weiß, ob sie dann noch heute die Grenze überschreiten würden.

Schweigend setzten sie den Weg über den großen Staufenberg Richtung Grenze fort.

Durch das Blätterdach der zahlreichen Bäume waren jetzt dahinziehende Wolkenfetzen zu erkennen, hinter denen hin und wieder die blinkenden Sterne und die gelbe Scheibe des Mondes verschwanden. Dann wurde es jedes Mal stockfinster auf dem Waldpfad unter dem dichten Blätterdach des Waldes. Man sah kam die Hand vor den Augen.

Es ging bergauf und bergab – mal schneller, mal langsamer – über breite Waldwege und schmale Pfade, wo sperrige Zweige die Männer streiften.

Der Wald schien zu leben.

Überall waren Geräusche zu hören, mal ein leises Rascheln, dann ein Fiepen wie von jungen Mäusen. Hin und wieder schlich auch etwas über den Boden.

Und über allem rauschten die Bäume des Harzwaldes.

Knacken im Unterholz.

Der Wald lichtete sich und eine Ortschaft lag vor den Männern. Der Mann aus Zorge hielt diese für den Ort Sülzhayn. Als sie den Weg in Richtung der Ortschaft hinabliefen, musste er beim Näherkommen jedoch überrascht feststellen, dass ihm einige Gebäude recht bekannt vorkamen.

Der junge Mann aus Zorge hatte infolge der Dunkelheit, aber hauptsächlich aufgrund des reichlichen genossenen Alkohols den richtigen Weg verfehlt. Er war mit dem Hamburger im Kreis gelaufen und wieder in Zorge gelandet.

„Verdammt!", kam es betroffen über die Lippen.

„Was ist los?"

Nur zögernd kam die Antwort: „Das ist nicht in Sülzhayn, sondern Zorge. Wir müssen im Kreis gelaufen sein."

„Ich glaube, ich spinne! Könne Sie mir sagen, was das soll?", tat der Kaufmann wütend seine Meinung kund.

„Beruhigen Sie sich doch, das kann schon mal passieren!"

Der Kaufmann wurde immer wütender und rief aufgebracht: „Ich lasse mich doch nicht für dumm verkaufen und dann noch von so einem Saufbold wie Ihnen. Mein Geld will ich sofort zurückhaben!"

„Sie bekommen Ihr Geld nicht zurück. Ich bringe Sie wie versprochen über die Grenze!"

„Nichts da, ich will sofort mein Geld wieder! Suchen Sie sich einen andern Dummen! … Sie Idiot!"

Ein Wort gab das andere.

Der junge Mann aus Zorge wurde immer gereizter, der Blutdruck stieg und er war kurz vor einem epileptischen Anfall. In diesem Zustand zog er kurzerhand die Axt aus dem Rucksack. Und ehe es sich der Hamburger versah, bekam er mehrmals die Axt über den Kopf gezogen.

Bereits nach dem ersten Schlag taumelte dieser, seine Ohren wurden taub, die Welt in seinem Kopf brummte. Er riss abwehrend die Arme in die Höhe, um sich vor den Schlägen zu schützen. Bereits mit dem zweiten Schlag wurde die zur Abwehr erhobene Hand des Kaufmanns zerschmettert und er verlor das Gleichgewicht. Benommen stürzte er zu Boden, krümmte sich schreiend vor Schmerzen ließ, unfähig einer Gegenwehr die weiteren Schläge über sich ergehen.

Der Zuschlagende verspürte eine große Lust, obwohl es ein Mann war, sein Opfer zu quälen, Schmerzen zuzufügen. Wieder und immer wieder schlug er auf die am Boden liegende blutende Gestalt ein.

Das Blinken des blanken Stahls im Mondlicht zog den Wahnsinnigen magisch an. Es spiegelte sich in seinen kalten, kleinen, teuflischen Augen.

Es folgte Hieb auf Hieb. Es waren die Schläge eines Wahnsinnigen, der die Augen verdrehend nur noch wilde Raserei in sich hatte. Wie ein Tobender schlug er auf den am Boden liegenden Wehrlosen ein. Die Schläge wurden immer heftiger, je mehr Blut spritzte. Die Gier nach Blut hatte ihn überfallen.

Noch dreimal schlug er mit der scharfen Kante der Axt zu.

Die sich bisher am Boden windende Gestalt rührte sich nicht mehr.

Blut, über all Blut. Es war auf der Kleidung des Mörders, auf der Kleidung des Opfers und bildete eine immer größer werdende dunkelrote Lache auf dem Boden.

Mit einem mächtigen Hiebe spaltete er den Kopf des Opfers und zertrümmerten mit unsagbarer Gewalt dessen Oberschenkel.

Verschwitz, mit zerzausten Haaren, hängenden Armen, der bluttropfenden Axt in der Hand stand der Mörder neben seinem Opfer. Die Erregung, die ihn beherrschte, ließ nach und er konnte langsam wieder einen klaren Gedanken fassen.

Noch lange hockte er neben dem leblosen Körper und betrachtet ihn genau. Erst dann begann er den Ermordeten zu entkleiden, schleppte den Leichnamen über die Straße und warf ihn in den dahinplätschernden Bach. Daraufhin nahm er die Ausweispapiere des Toten, zerriss diese und warf die Fetzen über den Gartenzaun auf ein in der nähe befindliches Grundstück.

In seinem Jähzorn konnte der Mörder noch so weit denken, die Tat doch einen anderen anhängen zu wollen. Er verwischte alle Spuren, legte eine falsche Fährte, in dem er rückwärts zur Hintertür des nächsten Hauses lief und dort die Kellertür aufbrechen wollte.

Durch den Lärm, den er dabei verursachte, wurden die Bewohner des Hauses wach.

Licht ging im Haus an.

Den Bewohnern des Anwesens war in dieser Nacht nicht klar, was sich vor dem Gebäude im Garten abgespielte.

Dem Mörder blieb nichts weiter übrig als die Flucht zu ergreifen. In den Kleidern und Schuhen des Hamburger Kaufmannes, die er in dessen Gepäck fand, überquerte der Mörder die Grenze und machte sich auf den Weg nach Marienberg. Er wollte nach dieser grausigen Tat seine Frau besuchen, die Geburtstag hatte und hier mit zwei Kindern lebte.

Unruhig verbrachte der Mörder die nächsten Tage. Er hatte einen Mord begangen, der für ihn eigentlich untypisch war.

*

Helle Aufregung herrschte in Zorge als Jörg Seedow in dem Harzort eintraf. Im ersten Moment wurde er aus dem vielen Gerede nicht so richtig schlau, doch dann bekam er mit, dass ein Mord geschehen war. Ihm wurde berichtet, dass man eine bestialisch zugerichtete Leiche im nahen Flusslauf und die zurückgelassene Tatwaffe gefunden habe.

Bei der Leiche handelte es sich um den 52-jährigen Bennen, einen Hamburger Kaufmann.

Knapp zwei Stunden nach dem Fund der Leiche hatten die Beamten der Mordkommission, einschließlich der mitgebrachten Spezialisten am Tatort ihre Arbeit aufgenommen. Scheinwerfer wurden aufgebaut, Werkzeuge und Apparate ausgeladen, eine Kamera mit Objektiv aufgestellt, als sollte ein Film gedreht werden.

Bei der Spurensuche wurde festgestellt, dass eine verdächtige Spur von der Hintertür des nächsten Hauses zu kommen schien. Nach der näheren Untersuchung der Fußabdrücke stellten die Kriminaltechniker fest, dass hier eine Person rückwärts gelaufen war.

Also eine falsche Spur, die sicherlich der Täter gelegt hatte.

Schon kurz darauf wurden die weiteren Nachforschungen eingestellt.

Nur Jörg Seedow ließ nicht locker. Er unterhielt sich mit Zorger Bürgern, ging jedem Hinweis nach.

Ein Verkäufer erkannte nur wenige Tage nach dem Mord die Tatwaffe. Die Axt war bei ihm gekauft worden und er identifizierte als Käufer einen gewissen Rudolf Pleil.

Also doch!

Bild 23: Rudolf Pleil, der wegen des Mordes an den Hamburger Kaufmann Bennen in Zorge verhaftet wurde.

Jetzt war sich Jörg Seedow sicher, dass der Pleil auch etwas mit den Frauenmorden zu tun haben musste, nur schenkte ihm niemand Glauben. Es schien keine Verbindung zu den anderen Morden zu bestehen.

Seine Vermutungen wurden als Hirngespinste abgetan, wie es zuvor bei den Polizisten aus Vienenburg geschehen war.

Die Suche nach Pleil blieb zunächst erfolglos.

Eine Woche später kam Jörg Seedow dazu, wie im Ort die Polizei gerade einen Mann festnahm. Nach der Personenbeschreibung, die er kannte, konnte es nur Rudolf Pleil sein.

Und es war Rudolf Pleil.

Bereits am nächsten Tag brachte Jörg Seedow in Erfahrung, wie es dazu gekommen war.

Arglos war Rudolf Pleil nach einer Woche zurückgekehrt, ohne zu wissen, dass er als vermutlicher Mörder von der Polizei gesucht wurde. Er näherte sich Zorge von Benneckenstein her über Hohegeiß. In seiner Begleitung befand sich ein junges Mädchen. Er lief am Ortseingang an einem Haus vorbei, vor dem ein Waldarbeiter und ein junger Mann standen. Der junge Mann war ein Forstlehrling aus Zorge.

Die beiden unterhielten sich und schauten dem vorbeigehenden Pärchen hinterher.

Für Pleil war es Pech, dass er gerade hier vorbei laufen musste. Der junge Mann erkannte in ihm die Person, die er vor der grausamen Tat mit Bennen nachts auf dem Waldweg gesehen hatte.

Der Forstlehrling ließ sich gegenüber den Vorbeilaufenden nichts anmerken, flüsterte jedoch dem Waldarbeiter seinen Verdacht zu: „Du, den kenne ich doch, das ist doch der Mörder von dem Bennen."

„Blödsinn, der kommt doch nach einer Woche nicht wieder hier her zurück."

„Doch, das ist er. Ich bin mir ganz sicher."

„Du spinnst!"

„Wirst es sehen, in Zorge werden sie ihn gleich haben!" Nach diesen Worten ließ der Forstlehrling den Waldarbeiter stehen, benachrichtigte über das nächste Telefon die zuständige Polizeiwache und folgte auf seinem Fahrrad den beiden in sicherer Entfernung.

Pleil, der sich angeregt mit dem Mädchen unterhielt, bemerkte von alledem nichts. So war er überrascht, als im Ort der zuständige Polizeibeamte ihn anrief: „Hallo, bleiben Sie mal stehen!"

„Was wollen Sie denn von mir? Ich habe doch nichts gemacht!"

„Das werden wir schon sehen. Weisen Sie sich erst einmal aus."

Pleil zog seinen Ausweis aus der Tasche, ein Dokument aus der sowjetischen Besatzungszone, und reichte ihn den Beamten.

Der Polizeibeamte schlug dieses auf und meinte: „Sie sind Pleil, Rudolf Pleil?"

„Wenn das so in dem Ausweis steht, wird das schon stimmen. Wer sollte ich denn sonst sein?"

„Dann muss ich Sie wegen Mordverdachtes an dem Hamburger Kaufmann Bennen festnehmen!"

„Was für einen Mord? Und was für ein Bennen? Ich verstehe das alles nicht."

„Das werden Sie noch verstehen!"

Der Forstlehrling hatte sich nicht getäuscht und sein Verdacht wurde bestätigt. So konnte die Polizei noch rechtzeitig eingreifen, bevor ein weiterer schrecklicher Mord geschah.

Bei den späteren Vernehmungen stellte es sich heraus, dass Pleil, der in die Südharzgegend zurückgekehrt war, bereits einen weiteren Mord geplant hatte, zu dem es nun glücklicherweise nicht mehr kam.

Der Verdächtige leugnete die Tat, konnte aber durch die am Tatwerkzeug gesicherten Fingerabdrücke überführt werden.

Trotz Hinweise und geäußerter Vermutungen Seedows zu der Person des Frauenmörders kam keiner auf die Idee, ihn auf Hinblick dieser Möglichkeit zu überprüfen, obwohl der Schädelfund in den Dienstbereich derselben Kripodienststelle fiel.

Seedow begann langsam an sich und seiner Arbeit zu zweifeln. Er wusste nicht mehr, was richtig und was falsch war. Wenn das eine falsche Spur gewesen war, die er schon monatelang verfolgt hatte, lief der Frauenmörder jetzt immer noch frei umher und suchte sicherlich bereits sein nächstes Opfer.

Die schnelle Verhaftung Pleils brachte dem Leiter der Zorger Polizeistation die Beförderung ein.

Dem jungen Mann, der den Mörder enttarnte, wurde die notwendige Anerkennung nicht geschenkt.

Wochen später saß Jörg Seedow im Gerichtssaal in Braunschweig und verfolgte aufmerksam, aber auch mit gemischten Gefühlen, die Gerichtsverhandlung gegen den Mörder des Hamburger Kaufmanns.

Rudolf Pleil gestand, aufgrund der Beweislage, in der Verhandlung vor dem Gericht seine Tat und legte ein Geständnis ab. Er führte jedoch ins Treffen, dass er den Mann über die Grenze in die sowjetische Zone schleusen wollte, aber er und der Mann infolge seines Alkoholgenusses den Weg verfehlten. Darüber wäre der Kaufmann zornig gewesen und hätte ihn andauernd beschimpft. Diese Meckerei hätte ihn so sehr in Wut gebracht, dass er einfach mit der Axt zuschlagen musste und erst wieder aufhören konnte, bis der andere mausetot war. Er habe die Tat einfach im Affekt begangen.

Weil Pleil Epileptiker und zur Tatzeit angetrunken war, glaubte ihm das Gericht seine Darstellung. So verurteilte es ihn wegen Totschlags an dem Hamburger Kaufmann zu einer Freiheitsstrafe von zwölf Jahren, der die anschließende Einweisung in eine psychiatrische Klinik folgen sollte.

Wäre er des Mordes für schuldig befunden worden, hätte ihm zu diesem Zeitpunkt noch die Todesstrafe gedroht.

Während des gesamten Prozesses fiel nicht eine Bemerkung über weitere Morde, besonders der Morde, die an Frauen in der Südharzregion begangen wurden.

Als Jörg Seedow den Gerichtssaal verließ, hatte er das ungute Gefühl, dass er nicht das letzte Mal etwas über diesen Pleil gehört haben sollte.

Da die Kriminalpolizei von Niedersachsen den Fall Bennen/Pleil ohnehin längst abgeschlossen hatte, erfolgte die Verlegung des wegen Totschlags und Raubes verurteilten Pleil aus der Untersuchungshaft in das niedersächsische Zuchthaus Celle.

Die Akte Pleil wurde *„auf Frist"* gelegt, so wie es in der Amtssprache nun einmal hieß.

*

Pleil befand sich zum ersten Mal in einem richtigen Gefängnis. Völlig apathisch stand er in dem kleinen Raum und betrachtete die Einrichtung.

Ein Tisch, ein kleines Wandregal und auf dem zweiten Bett sitzend sein Zellengenosse.

Noch immer hielt er seine Ausstattung, Decken, eine Tasse und ein Essgeschirr, die man ihm gegeben hatte, in seinen Händen. Er war völlig unfähig die Gegenstände abzustellen, so sehr beeindruckte ihn die Atmosphäre, die in diesem Raum herrschte.

Graue Wände, eine schwere Eisentür mit einer Öffnung, verschlossen durch eine Klappe.

Ein kleines Fenster, das ohne Stuhl nicht zu erreichen war.

Schweigend setzte er sich auf das Bett.

Dieses Schweigen sollte jedoch nicht allzu lange anhalten. Im niedersächsischen Zuchthaus Celle brachte der Häftling Nr. 2106/47, ein dicklicher Mann mit aufgeschwemmtem Vollmondgesicht und Nickelbrille, die Wärter zur Verzweiflung. Er legte ein auffällig aggressives Verhalten gegenüber den Mithäftlingen an den Tag. Keiner der Gefangenen wollte mit Rudolf Pleil, diesem *„Verrückten"*, die Zelle teilen.

Bild 24: Das niedersächsische Zuchthaus in Celle.

So war Pleil lange Zeit allein in einer Zelle. Aber dieses Allein-sein behagte ihm auch nicht und in den Nächten begann in seinen Träumen die Vergangenheit eine Rolle zu spielen.

Einmal träumte er von einem Gewölbe mit flackerndem Licht in den Seitengängen, wie eine richtige Räuberhöhle, und in der Mitte eine riesiger halbdunkler Raum, ausgelegt mit alten Matratzen, beleuchtet von Kerzen und Petroleumlampen.

Gespenstisch huschte der flackernde Schein über die gemauerten Wände, von denen Feuchtigkeit tropfte.

Auf den alten Matratzen rekelten sich die lüsternen Körper arbeitsloser Kellnerinnen und Mädchen des leichten Gewerbes.

Branntwein ging reihum.

Rudolf Pleil als Junge mittendrin sah die Körper, die sich umschlangen, hörte die Stimmen aus den Gängen der Gewölbe verbunden mit lustvollem Stöhnen.

Und da war sein älterer Freund, der dem vierzehnjährigen die Schnapsflasche reichte.

Eine arbeitslose Kellnerin kam auf den Jungen zu, ergriff ihn an der Hand und verschwand mit ihm im nächsten Gang.

Es wurde die erste Frau in seinem Leben.

Er stellte sich bei der Kellnerin recht ungeschickt an und versuchte sofort zur Sache zukommen. Er wollte und wollte nicht zum Höhepunkt kommen, obwohl die Frau alles Mögliche versuchte.

„Was ist los mit dir? Hast du Hemmungen? Ich kann ja verstehen, es ist das erste Mal für dich, da stellt man sich noch etwas dämlich an!", foppte ihn lachend die Frau.

Das konnte der Junge nun gleich nicht vertragen.

Er begann ihr die Kleider vom Leib zu reißen, bis sie völlig nackt unter ihm lag.

Schweigend begann er der Frau Schmerzen zuzufügen, indem er sie kniff, schlug und die nackten Brüste mit aller Kraft knetete.

„Spinnst du, kannst du mir verraten, was das soll? Hör auf, das tut weh!", schrie die Frau auf und wollte den Jungen von ihrem Körper herunterstoßen. Vergeblich, sie war ihm völlig ausgeliefert!

Immer weiter bearbeitete er die Frau, die vor Schmerzen aufheulte.

Der sich unter ihm windende nackte, schreiende Frauenkörper steigerte sein Lustgefühl und er kam zum Höhepunkt.

Erst jetzt ließ er von der Frau ab.

„Was sollte das denn eben? Du bist doch nicht ganz normal! So etwas macht man doch nicht mit einer Frau!"

Plötzliche Geräusche auf dem Gang vor der Zelle rissen ihn aus seinem bizarren Traum.

Oder war das gar kein Traum gewesen, sondern nur aufsteigende Gedanken aus vergangenen Zeiten?

Für den ersten Moment wusste er nicht, wo er sich befand, dann kamen aber die Erinnerungen wieder.

Er saß in einer Zuchthauszelle.

In seiner Fantasien befand er sich aber immer noch in dem halbverfallenen Hotel, das in einer ehemaligen Burg untergebracht war und zwischen Weipert und Annaberg lag. In den Nebengebäuden, die wie Burgverliese unter der Erde lagen, hatte sich sein alter Freund eine primitive Werkstatt eingerichtet, um hier Feuerzeuge herzustellen.

Mit diesem Freund, einem Mann zwischen dreißig und vierzig Jahren, eine jener sonderbaren Existenzen, die nur im Grenzland gedeihen, war er fast jede freie Stunde zusammen. Oft erzählte ihm der Mann schöne Geschichten von nackten Weibern.

Und schon wieder tauchte in seiner Erinnerung der Tag auf, an dem er seine Unschuld verlor. Er konnte sich noch gut daran entsinnen, das sein alter Freund ihn gebeten hatte aus dem elterlichen Laden Schnaps zu stehlen und mitzubringen.

„Wir wollen ein Fest feiern", hatte er zu ihm eines Tages gesagt. „Es wird auch eine von den arbeitslosen Kellnerinnen für dich dazu kommen!"

Durch unzählige kleine Diebstähle bereitete er sich auf die erste Orgie in seinem jungen Leben vorbereitet.

Schlüssel klirren und die schwere Zellentür wurde krachend geöffnet. Der Wärter, der in die Zelle trat, sprach: „Pleil, fertigmachen, es gibt gleich Frühstück!"

Ungehalten über die Störung maulte Pleil der Wärter an: „Könnt ihr mich nicht in Ruhe lassen?!"

„Wie du willst, dann gibt es eben heute früh nichts zu essen!"

Und schon schloss sich laut krachend wieder die Zellentür hinter dem Wärter.

Rudolf Pleil war wieder allein und konnte seinen Gedanken nachhängen, die ihren Anstoß durch den nächtlichen Traum erhalten hatten.

Die Erinnerung an die Schläge durch seinen Vater in der Kindheit kam wieder hoch und wie er diese Schläge verarbeitet hatte. Er wurde aggressiv und versuchte andererseits Gefallen an den Schlägen zu finden. So lösten diese körperlichen Schmerzen der Prügel schon sehr früh Lustgefühle aus. Schließlich hatte er nur noch Lustgefühle, wenn er geschlagen wurde und er anderen Menschen Schmerzen zufügen konnte.

Wie alt war er noch gewesen, als er erstmals eine Hausschlachtung bewusst miterlebte?

Sechs oder sieben Jahre.

Ein Gefühl, das er damals gar nicht so recht beschreiben konnte, war über ihn gekommen, als er das Ferkel quälte. Seine Finger hatten sich ganz fest in die Hinterbeine des Tieres gekrallt, als wollte er diese zerbrechen. Nicht nur, dass ihn das verzweifelte Quieken erregte, er konnte auch sehen, wie es mit dem Messer geschnitten wurde und das Blut herausspritzte.

Er erahnte das Gefühl in einen sexuellen Rauschzustand zu geraten, ohne dass er damals wusste, was das war. Irgendetwas setzte sich in seinem Gehirn fest, irgendetwas schien in seinem Kopf nicht in Ordnung zu sein, dass ihn so etwas erregte.

Nur als Siebenjähriger war ihm das damals noch nicht so richtig bewusst.

Dann war da noch das Erlebnis kurz vor dem Einmarsch der Russen. Auf dem Abstellgleis eines Bahnhofes erblickte er einen Eisenbahnwaggon, voll mit Leichen von KZ-Häftlingen. Beim Anblick der nackten, starren Körper beschlich ihn das Gefühl geschlechtlicher Lustempfindungen. Ihm war dabei gar nicht bewusst, wie pervers das doch war.

Wenn er so sein Leben Revue passieren ließ, stellte er fest, dass diese Erlebnisse sich auf sein späteres Sexualverhalten zu Frauen auswirkten. Er erlebte durch nackte blutige Körper und der brutalen Bearbeitung eine vollkommen andere Form der Lust, als ihn die Selbstbefriedigung und der normale Geschlechtsverkehr boten.

Es war für ihn etwas Vollkommenes.

Diese Erlebnisse wirkten sich auch auf den Geschlechtsverkehr mit seiner Frau aus. Er begann dieser während des Beischlafens Schmerzen zuzufügen. Aber auch das führte selten zum gewünschten Erfolg, zumal sich seine Frau meistens dagegen wehrte.

Immer noch erregten ihn sexuell Gedanken an geschundene und mit Blut überströmte nackte Frauenkörper.

Irgendwie musste das Leben hier in der Haftanstalt Celle weiter gehen. So hatte er aus Langeweile begonnen ein Tagebuch zu schreiben. Die Gefängnisverwaltung hatte ihm dafür Schulhefte zur Verfügung gestellt.

Beim Aufschreiben seiner Gedanken konnte er einfach keine Zellengenossen gebrauchen, die ihn in seiner schöpferischen Einsamkeit nur störten.

So misshandelte er in geradezu sadistischer Weise ohne erkennbaren Grund seine Zellengenossen.

Schließlich wurde es dem Aufsichtspersonal zu dumm, und Pleil wurde auf Weisung der Staatsanwaltschaft zur psychiatrischen Untersuchung in die Heilanstalt Königslutter überwiesen.

Hier war er nicht unbekannt.

Anstaltsarzt und Medizinalrat Barnsdorf hatte schon 1947, gleich nach dem Totschlag des Kaufmannes Bennen, versucht die geheimnisvollen Gehirnwindungen in Pleils *„ostischen Kugelkopf"* zu erforschen, ohne dabei freilich viel mehr zu entdecken, als Pleil selbst ausplaudern wollte.

Pleil wurde diesmal noch gründlicher untersucht und über sein Leben und das seiner längst verblichenen Verwandten befragt, über seine Gefühle, Gedanken und Empfindungen, seine Erfolge und Misserfolge sowie über sein Geschlechtsleben verhört.

Als die Ärzte ihn zum Versuchszweck Alkohol verabreichten, zog er sich plötzlich Jacke und Hose aus und breitete sie auf dem Fußboden in Form eines menschlichen Körpers aus. Dann warf er sich auf das Gebilde, „*spielte*" die Erschlagung und die sexuelle Misshandlung einer Frau nach. Er keuchte und schnaufte, geriet dabei in Ekstase und kicherte genießerisch.

Es gab keinen Zweifel, Pleil begattete seine Jacke und Hose.

Noch während die verblüfften Ärzte herumrätselten, ob die Qualität und Quantität des Testschnapses an diesem Ausbruch schuld sei, erhob sich Pleil schon wieder. Er erklärte kichernd: „Ich habe Ende März 46 im Bruch von Roklum eine Frau zuerst umgehauen und hinterher genauso bearbeitet wie eben die Jacke."

Die Ärzte starrten ihn ungläubig an.

Pleil, enttäuscht über die Reaktion der Ärzte, zog aus dem Futter seines Jacketts ein Schreiben hervor, das detaillierte Tatschilderungen dieses Frauenmordes enthielten.

„Eigentlich", sagte Pleil, „sollte das erst nach meinem Tode bekannt werden, aber das ist Quatsch, denn dann habe ich ja nichts mehr davon. Es ist besser, wenn meine Taten jetzt bekannt werden, dann kann ich wenigstens noch mit eigenen Augen lesen, was die Zeitungen darüber schreiben."

Entgeistert schauten die Ärzte ihn an.

„Auch Sie, meine Herren, sollten endlich wissen, wen Sie vor sich haben, nämlich Rudolf Pleil, den größten Totmacher aller Zeiten!", fügte er noch mit überheblich klingender Stimme hinzu.

Die hermetisch abgeriegelten Räume in Königslutter hatten schon manchen größenwahnsinnigen Kauz beherbergt. Die Ärzte waren daher nicht so leicht zu beeindrucken und blieben skeptisch.

Damit kamen diese bei Pleil schön an. Alles konnte er vertragen, seinen guten Ruf als Totmacher jedoch, den ließ er sich nicht nehmen. Geradezu verbissen und mit einer Detailtreue schilderte er den Ablauf des Mordes und gab zu verstehen: „Das ist längst nicht alles, was ich zum Thema Totmachen beisteuern kann."

Der Anstaltsarzt der Heilanstalt Königslutter, Dr. Fritz Barnstorf, versuchte in langen Gesprächen mit Pleil, einen Grund für dessen „*abnormale Triebhandlungen*" zu enthüllen. Seine Erkenntnis über den „*untersetzten, verfetteten jungen Burschen mit dem ostischen Kugelkopf*" führten zur Einschätzung des Arztes, dass Pleil ein

Triebtäter sein musste, der nur sexuelle Befriedigung erlangen konnte, wenn er anderen Menschen Schmerzen zufügen oder sie gar töten konnte.

Da immer noch eine gewisse Skepsis unter den Ärzten bestand, gab man Pleil Papier und Schreibzeug sowie den Auftrag, alles ganz genau aufzuschreiben.

„Jawoll!", krähte Pleil, schlug die Hacken zusammen und marschiert in seine Zelle, wo er zu schreiben begann. Er schrieb nicht nur, er versah seine Niederschrift auch noch mit Illustrationen und Lageskizzen.

Angesichts so vieler Details hatten die Ärzte keinen Zweifel mehr an dem Geständnis Pleils und verständigten die Staatsanwaltschaft, die ihrerseits die Mordkommission der Kriminalpolizei von Braunschweig aufforderte, die Sache zu überprüfe.

Die Braunschweiger Kriminalpolizei ignorierte den geständnisfreudigen Pleil und erklärte ihn einfach zum Prahlhans, der sich nur interessant machen wollte. Die Akte Pleil und sein Mordgeständnis wanderten acht Monate lang unerledigt von Schreibtisch zu Schreibtisch, bis diese schließlich irgendwo auf dem unerforschlichen Dienstweg liegen blieb.

Bild 25: Rudolf Pleil als Strafgefangener im Zuchthaus Celle.

In der Zwischenzeit war Pleil wieder ins Zuchthaus Celle verlegt worden und in einer Zelle untergebracht, in der Punkt zweiundzwanzig Uhr das Licht gelöscht wurde. Dann lag er mit weit aufgerissenen Augen auf der Liege und starrte die Decke an.

Nur ein kleiner Lichtstrahl durch das Fenster erhellte den Raum ein wenig. Die Gitterstäbe malten verwinkelte Gestalten an die Decke, Schattenspiele zeichneten sich an den Wänden ab.

Pleil wälzte sich von einer Seite auf die andere und versuchte einzuschlafen, was ihm jedes Mal erst nach Stunden gelang.

*

Jörg Seedow hatte es erreicht eine Besuchserlaubnis für den Häftling Nr. 2106/47 zu bekommen und war auf dem Weg zur Haftanstalt in Celle. Obwohl er zu diesem Zeitpunkt keine Kenntnis hatte von dem Untersuchungsergebnis aus der Heilanstalt Königslutter, hielt er den einsitzenden Rudolf Pleil für den Serienmörder. Und dies ließ ihm einfach keine Ruhe. Er musste unbedingt mit diesem Menschen sprechen, vielleicht konnte er ihn zu einer Aussage bewegen. Irgendwie würde er es schon schaffen, den Verurteilten in seinem Ego zu kitzeln und ihn zu einer unbedachten Bemerkung zu bewegen.

So ahnte er nicht im Geringsten etwas davon, was er an diesem Tag von dem Häftling in der Haftanstalt erfahren sollte und dass dies seine kühnsten Erwartungen übertreffen sollte.

Die Sonne brannte vom Himmel herab und die Zikaden zirpten im trockenen Gras rechts und links des Straßenrandes.

Um die Mittagszeit hatte Jörg Seedow Celle erreicht. Nachdem er am Tor des Gefängnisses dem Wachmann seine Besuchserlaubnis und seinen Ausweis gezeigt hatte, durfte er mit dem Hinweis: „Hinten rechts, das zweite Gebäude" passieren.

Es war schon ein seltsames Gefühl, als hinter ihm das schwere Eisentor mit lautem Schlag ins Schloss fiel.

Nun saß er bereits zehn Minuten im Besucherraum des Gefängnisses und wartete ungeduldig auf Rudolf Pleil. Auf einen hölzernen Klappstuhl sitzend, der an der einen Stirnseite des hölzernen Tisches stand, schaute er sich im Raum um.

An der Decke hing eine gelbliche Kugellampe. In ihrem Licht erstrahlte der Raum in einem nüchternen Weiß. Der Fußboden war mit grünem Linoleum ausgelegt. Auf der gegenüberliegenden Stirnseite des Tisches stand der gleiche Holzstuhl und neben der Tür stand wie verlassen noch einer, nur mit einer gepolsterten Sitzfläche.

Rechts, in der Ecke war ein gusseisernes, emailliertes Waschbecken an der Wand befestigt.

Plob … plob … plop … tropfte es aus dem verchromten Wasserhahn.

Eine Fliege hatte sich in das Innere der Kugellampe verirrt. Summend flog sie hin und her und versuchte vergeblich einen Weg in die Freiheit zu finden. Jörg Seedow hatte das Gefühl, dass ihr Summen immer lauter wurde, bis zur Unerträglichkeit.

Da öffnete sich die Tür und ein Beamter führte einen Mann herein, der nicht wie ein stupider, von Komplexen zerfressener Trunkenbold aussah. Lächelnd, selbstbewusst und von seiner Wichtigkeit zutiefst überzeugt nahm er gegenüber auf dem Stuhl Platz.

Der Strafvollzugsbeamte hatte auf dem Stuhl neben der Tür Platz genommen und schaute mit wachsamem Blicken zum Tisch hinüber.

Jörg Seedow war enttäuscht. Er hatte erwartet ein Scheusal zu sehen, eine Bestie in Menschengestalt.

Schweigen herrschte im Raum und je länger das Schweigen andauerte, desto mehr schwand das Selbstbewusstsein, was der Mann, der im Moment zusammengekauert Seedow gegenüber auf dem Stuhl saß, beim Betreten des Raumes zur Schau gestellt hatte. Er hatte den Kopf auf die Brust geneigt und man konnte den Beginn einer Glatze durch das Haar schimmern sehen. Mit zitternden Händen strich dieser über seine geschlossenen Augen. Er schien Seedows Blicke zu spüren, schaute auf und im gleichen Moment war von seiner Unsicherheit nichts mehr zu bemerken, als er sagte: „Sie sind Journalist?"

Jörg Seedow schaute seinem Gegenüber überrascht ins Gesicht, bemerkte das nervöse Umherirren seiner Augen und den stechenden Blick, der Menschen schon Angst einjagen konnte. Den kalt blickenden Augen ausweichend antwortete er: „Ich bin Journalist, mein Name ist Jörg Seedow. Und Sie sind Rudolf Pleil?"

„Ja, das bin ich!" Er fühlte sich geschmeichelt von der Ehre, dass sich ein Reporter gerade für ihn interessierte.

„Ich möchte über Sie schreiben", sagte Seedow. Irgendwie musste er ja diesen Mann aus seiner Reserve locken und er setzte fort: „Sie sind jetzt ein berühmter Mann in Deutschland!"

„Wenn Sie meinen", antwortete dieser stolz, im Glauben eine Berühmtheit zu sein.

„Sie sollen sehr viele Frauen umgebracht haben."

„Die waren aber alle …", antwortet er hastig, brach aber mitten im Satz erschrocken ab.

„Erzählen Sie weiter", forderte Seedow ihn auf, der mit einer Antwort wie dieser nicht gerechnet hatte.

Pleil wurde mit einmal kaltschnäuzig, als er das Interesse an seiner Person und seinen Taten entdeckte.

„Was soll ich Ihnen erzählen?"

„Alles", lautete die kurze Antwort.

Pleil nickte kurz mit dem Kopf und begann zu erzählen. Er sprach über begangene Morde im Harz und ganz Deutschland. Sprach über den Trappenstädter Mord, der ihm nachts den Schlaf raubte, weil ihm immer das entsetzliche Bild, das Mädchen ohne Kopf, vor den Augen stand. Er übertrieb bei seiner Aussage maßlos, da er erst von 25 Morden, aber später von 40 Morden sprach.

Die graugrünen – oder waren es blaugrüne – Augen Seedows fesselten den Blick seines Gegenübers, der immer mehr über seine Taten preisgab.

Pleil berichte darüber, dass er sich in einem Brief an die Polizei bezichtigt habe, noch andere Morde begangen zu haben. Aber niemand sei bereit ihm diese Morde abzunehmen, weil er gleich darauf seine Selbstbezichtigung widerrufen habe. Das sei von seiner Seite ein großer Fehler gewesen.

Jörg Seedow konnte nicht glauben, was er da zu hören bekam.

Geradezu zwanghaft beschrieb Pleil detailgetreu seine Straftaten, ohne dabei jede Reue verspüren zu lassen.

Er sprach über sein Leben und kam immer wieder auf die wirren Verhältnisse im Grenzgebiet zu sprechen. Er äußerte: „Ich gehe als größter Totmacher aller Zeiten in Deutschland und sämtlichen Ausländern in die Geschichte ein." Zog dabei auch noch eine Liste von seinen Opfern aus der Jacke: … 1945 Dresden 3, 1946 Ellrich Juliushütte 1, 1946 Walkenried 1, 147 Zorge 1, 1947 Zorge/Dreieck 1 …". Dabei lief über Seedows Rücken vor Grauen eine Gänsehaut, sein Herz schlug mit harten, schmerzhaften Schlägen gegen seine Rippen. Kalter Schweiß bildete sich auf seiner Stirn und sein Gehirn weigerte sich weiterzudenken. Er war erschreckt von den Tatsachen, die er hier zu hören bekam. Er fühlte sich wie vor sengendem Feuer.

Pleil erzählte weiter, immer weiter, ohne Seedow auch nur für eine Sekunde aus den Augen zu lassen. Schweiß rann dem Erzähler von der Stirn, der immer erregter wurde.

Pleil hatte Grenzen überschritten, in der früheren Jugend im Erzgebirge als Schmuggler, als Erwachsener an der Zonengrenze, um seine sexuellen Abnormitäten auszuleben und zu morden.

Er erzählte Seedow auch von seiner angeblich fantastischen Idee sich als Henker zu bewerben, beflügelt dadurch, dass ihn das Töten Lust bereitete. Er wollte als amtlicher Henker im Staatsdienst gegen guten Lohn das tun, was dem Normalverbraucher verboten war: Töten! Dazu habe er eine Bewerbung für den Posten eines Scharfrichters oder Totmachers an den Bürgermeister von Vienenburg gerichtet. Um seine Bewerbung noch zu unterstreichen, habe er Beispiele für seine Fertigkeiten

Bild 26: Auf einem Stück weißen Stoff hatte Rudolf Pleil die Morde vermerkt, deren er sich rühmte. Es war sein Stolz mehr Frauen umgebracht zu haben als jeder andere Lustmörder.

128

aufgezeichnet und eine Bemerkung hinzugefügt: Es gäbe an einer alten Bahnlinie einen Brunnen mit den Leichen von zwei Frauen, die er getötet habe.

An dieser Stelle stutzte Seedow. Ihm fuhr blitzartig die Unterhaltung mit dem Polizisten aus Vienenburg durch den Kopf. War da nicht auch die Rede von einem Brunnen in unmittelbarer Nähe eines Bahnwärterhäuschens an einer stillgelegten Eisenbahnstrecke gewesen? Aber ehe er darauf eingehen konnte, war der Gefängnisbeamte neben der Tür aufgestanden und bemerkte: „Die Besuchszeit ist zu Ende!"

Verärgert über die Unterbrechung seiner Schilderungen murrte Pleil: „Was soll das? Wieso schon zu Ende?"

„Die Stunde, die als Besuchszeit zur Verfügung steht, ist abgelaufen!"

„Können wir nicht …?"

„Nichts können wir, die Zeit ist um!"

Seedow hatte auf seine Armbanduhr geschaut und musste feststellen, dass der Wärter Recht hatte. Die Zeit war wie im Fluge vergangen. Er stand auf und machte Anstalten den Raum zu verlassen.

„Kommen Sie wieder? Ich würde mich freuen!"

„Sicher", antwortete Seedow ernst.

Dass diese Unterredung so positiv, zumindest im journalistischen Sinne, ablaufen würde, damit hätte er niemals gerechnet. Es war die Story seines Lebens.

Dennoch war Seedow froh, als er wieder im Freien war und sich hinter ihm das Tor des Gefängnisses mit quietschendem Geräusch schloss.

Er atmete erleichtert auf.

Auf der Rückfahrt nach Bad Lauterberg musste er immer wieder an das Ungeheuerliche denken, das er in der Unterhaltung mit Pleil erfahren hatte.

Kaum hatte Seedow die Redaktionsräume betreten, rief auch schon sein Chef: „Seedow kommen Sie sofort zu mir!" Sein Vorgesetzter schient sich brennend dafür zu interessieren, was er in Erfahrung gebracht hatte.

„Ich habe es geschafft ... und er will mich wieder sehen! Ich bekomme so viele Interviews, wie ich nur will, das hat er mir versprochen!" Triumphierend riss er die Arme hoch und genoss seinen Erfolg.

Der Artikel erschien in der nächsten Ausgabe des Blattes, und bereits nach kurzer Zeit war die gesamte Auflage vergriffen.

Es schien, als wenn die Öffentlichkeit das erste Mal etwas von dem Massenmörder, dem Frauenmörder, den sexuell abartigen Menschen zu hören bekam, wie er war und was er zu berichten hatte.

Viele Spekulationen waren bisher im Umlauf gewesen.

Jörg Seedow hatte nicht nur seinen Chef von dem Ergebnis seines Besuches in der Haftanstalt berichtet, er verständigte auch die zuständige Staatsanwaltschaft über die Äußerungen Pleils, über den Brunnen an einer alten Bahnlinie, in der sich zwei Frauenleichen befinden sollten.

Bild 27: Brunnen (4.) bei der Blockstelle 25 an der stillgelegten Bahnstrecke zwischen Vienenburg und Osterwieck (Tatortfoto).

Auf dem Tisch der Staatsanwaltschaft lag bereits der Brief Pleils, gerichtet an den Bürgermeister von Vienenburg, der jedoch bei der

Kriminalpolizei von Braunschweig Land gelandet war. In dem Brief bezichtigte sich Pleil weiterer Morde und seinen Ausführungen über den Mord an dem Bahnwärterhäuschen Nr. 25 hatte er noch eine genaue Ortsskizze beigelegt.

Die Beamten fuhren zu dem von Pleil bezeichneten Ort, dem Brunnen an der stillgelegten Bahnstrecke Vienenburg–Halberstadt.

Die Staatsanwaltschaft hatte inzwischen eine Firma beauftragt, den acht Meter tiefen Brunnen auszupumpen. Und wirklich: Sie fanden zwei Leichen mit den typischen Merkmalen der Frauenmordserie. Die Leichen wurden als die einer 37-jährigen Hausfrau und die der 44-jährigen Witwe Glöde identifiziert.

Der unglaubliche Vorgang der Aufdeckung der ganzen Mordserie, die Pleil begangen hatte, nahm immer mehr Formen an. Es sollten die umfangreichsten Ermittlungen der Nachkriegszeit in Deutschland werden.

*

Ein Stein war ins Rollen gebracht und für die Staatsanwaltschaft galt es jetzt schnell und richtig zu handeln.

Nur wenige Tage später öffnete sich wie jeden Morgen die Klappe an der Zellentür des Strafgefangenen und Pleil dachte, er bekäme sein Frühstück.

Nur diesmal war es nicht so.

Ein Schlüssel rasselte im Schloss und in der sich öffnenden eisernen Zellentür standen zwei Gefängniswärter.

„Mitkommen, Häftling Nr. 2106/47, der Staatsanwalt will Sie sprechen!"

An einer kleinen grauen Tür angekommen, blieben die Beamten stehen und öffneten sie. Einer der beiden Uniformierten deutete auf zwei Personen, die hinter dem Tisch saßen.

Rudolf Pleil ging auf die eine Person zu und wollte gerade seine Hand zum Gruß ausstrecken, als ihn der Staatsanwalt anherrschte: „Hinsetzen, Sie kennen mich sicher noch!"

Die zweite Person wurde ihm als Kriminalkommissar vorgestellt.

Der Staatsanwalt kam schnell zur Sache: „So, Pleil, erzählen Sie uns mal schön der Reihe nach, was es mit den Frauenmorden auf sich hat!"

„Wollen Sie eine Zigarette?", unterbrach der Kriminalkommissar das Verhör und reichte eine Packung über den Tisch.

„Nein Danke, aber etwas Zusatzverpflegung hätte ich gern, Papier und Bleistift!"

Der Kommissar sah den Staatsanwalt an, der nickend seine Zustimmung erteilte.

„Ich hoffe, Sie sind jetzt so nett und erzählen uns mal, was geschehen ist, welche Morde Sie begangen haben. Deshalb sind wir hier … Mit dem Journalisten haben Sie ja auch gesprochen."

Rudolf Pleil begann mit seinen Ausführungen und redete sich dabei in Rage. Er wirkte erregt, schilderte aber die einzelnen Morde detailliert. Seine Ausdrucksweise, die er dabei benutzte, war obszön und unerträglich und zeigte wie brutal und abgestumpft Pleil doch sein musste.

Angewidert sahen sich der Staatsanwalt und der Kommissar an.

Pleil listete weitere Morde im Harz und ganz Deutschland auf und lieferte Tatortbeschreibungen für eine Reihe unaufgeklärter Ermordungen.

Im Laufe des Verhörs verlanget Pleil vom Staatsanwalt: „Reden Sie mich mit Totmacher an und ich erzähle Ihnen noch weitere Einzelheiten!"

Immer mehr kristallisierte sich die grauenhafte Blutspur heraus, die dieser Unmensch hinterlassen hatte.

Als man Pleil den Trappenstädter Mord vorhielt, von dem er gegenüber Seedow geredet hatte, reagiert der Massenmörder im ersten Moment unwirsch.

Am Ende seiner Ausführungen wirkte Rudolf Pleil entspannt. Er wartete offensichtlich darauf, vom Staatsanwalt gelobt zu werden, da er ja nun das gewünschte Geständnis abgelegt hatte.

Der Staatsanwalt rief stattdessen zwei Gefangenenwärter: „Bringen Sie diesen Kerl in seine Zelle zurück!"

Obwohl Rudolf Pleil enttäuscht war vom schnellen Ende des Gespräches, war er doch zufrieden mit der ihm nun zuteil werdenden Aufmerksamkeit.

Pleil wurde immer wieder aus der Zelle geholt und nach jedem weiteren Verhör legte Pleil ein weiters Teilgeständnis ab, jedoch nicht ohne vorher sein Honorar in der Form von Zusatzverpflegung und Zigaretten zu kassieren.

Mit der wachsenden Beachtung seiner Person, nach der er förmlich gierte, trug er bereitwillig zur Aufklärung bei. Er freute sich, wenn die Presse seinen Namen in einem Atemzug mit dem Serienmörder Haarmann, Seefeld oder Kürten nannte.

Die reißerischen Aufmachungen über den Fall und die Aufmerksamkeit für seine Person gefielen Pleil. Er beteuerte immer wieder mit zwei Komplizen Karl Hoffmann und Konrad Schüßler agiert und mit diesen zusammen 26 Frauen umgebracht zu haben.

Fünf der Opfer wurden nie identifiziert.

Die Suche an den von Pleil angegebenen Orten wurde für die ermittelnden Beamten in den meisten Fällen zur schrecklichen Gewissheit.

Vierzehn Tage nach dem ersten Verhör sprach Pleil mit dem Gefängnisarzt über seine Albträume, die ihm nachts ständig verfolgten. Besonders habe er immer das entsetzliche Bild des Mädchens ohne Kopf aus dem Trappstädter Grenzwald vor den Augen. Er wolle daher *„sein Gewissen erleichtern"* und auch diesen Fall schildern, wie er sich tatsächlich zugetragen habe.

Bild 28: Rudolf Pleils Komplizen Karl Hoffmann und Konrad Schüßler.

Und so kam es in Trappstadt zu einem Lokaltermin.

Als der Gefangenentransport mit Pleil und Hoffmann in Trappstadt eintraf, war das ganze Dorf auf den Beinen. Überall standen neugierigen Menschen, unter ihnen zahlreiche Journalisten, um das Geschehen zu verfolgen.

Unter den Journalisten befand sich auch Jörg Seedow, der von seinem Chefredakteur die Aufgabe erhielt über das Geschehen zu berichten.

Unauffällig begleitet wurde der Massenmörder und Frauenschänder Pleil durch die Stadt geführt, wogegen der Schwerverbrecher Hoffmann gefesselt im Auto zum Tatort fuhr.

Die Bevölkerung nahm eine drohende Haltung ein, als Rudolf Pleil die Kommission zu einer Kapelle in Richtung Alsleben zunächst falsch führte.

Den beiden Staatsanwälten gelang es, die empörten Menschen zu beruhigen.

Endlich am Tatort angekommen schilderte Pleil in allen Einzelheiten die grausige Tat, während Hoffmann alles leugnete und behauptete, nie im Leben an dieser Stelle gewesen zu sein.

In diesem Zusammenhang stießen die Ermittler auch auf die Aussagen eines Polizeibeamten aus Vienenburg, denen bisher kein Glaube geschenkt wurde.

Es wurde eine Gegenüberstellung organisiert, die in den Nachtstunden auf einer einsamen Landstraße erfolgen sollte. So hielten eine Woche später mehrere Polizeiautos auf einer verlassenen Landstraße.

Es war kurz vor Mitternacht.

Beamten stiegen mit den beiden Häftlingen aus und führten diese in das grelle Scheinwerferlicht der Autos.

Der Polizeibeamte aus Vienenburg stand im Dunkeln und musterte die beiden Personen.

Bei Pleil war er sich unschlüssig, weil dieser durch die ausgehandelte Zusatzverpflegung im Zuchthaus zugenommen hatte. Aber Karl Hoffmann kam ihm bekannt vor und er sagte es ihn auf den Kopf zu: „Ich habe dich doch beim Schnapsschmuckeln erwischt!"

„Nein! ... Nein! ... das war ich nicht!", antwortete dieser mit piepsiger Kinderstimme.

„Natürlich warst du es! Ich erkenne dich an der Stimme und an den blitzenden Goldzähnen!"

Die Polizei ermittelte nun in 30 Fällen, dabei kam es zu einem Angebot der Zusammenarbeit mit den Ermittlungsorganen in der sowjetischen Besatzungszone. Aber zu dem vereinbarten Treffen am Schlagbaum kam es nicht und auch die bereits bestehende lockere Verbindung riss ab. Angeblich verlief die Ermittlung auf dem ostdeutschen Gebiet ergebnislos.

Im Verlaufe der Untersuchung stieß man auf die Akte der 55-jährigen Witwe aus Schleswig-Holstein. Bei der Gegenüberstellung konnte Lydia Schmidt Rudolf Pleil auf Anhieb identifizieren. Obwohl inzwischen Jahre vergangen waren, konnte die Frau den Mann nicht vergessen, der sie so brutal misshandelte.

Jörg Seedow hatte drei Tage und einen halben fast ununterbrochen auf seinem Hintern in der Redaktion am Schreibtisch gesessen. Beim Studium der vorliegenden Ermittlungsergebnisse über Rudolf Pleil stieß er auf noch zahlreiche ungeklärte Fragen und er beschloss an einem der nächsten Tage den Strafgefangenen einen erneuten Besuch im Zuchthaus Celle abzustatten.

So war Seedow früh auf den Beinen. Er machte Frühstück, holte die Zeitung und las, während er aß. Seine Aufmerksamkeit orientierte sich, wie konnte es auch anders sein, auf die Presseveröffentlichungen über den in Celle einsitzenden Mörder Rudolf Pleil.

Es war ein trüber Tag, an dem die Sonne vergeblich versuchte die Wolkendecke zu durchdringen.

Jörg Seedow setzte sich in sein Auto. Startete es, legte den Gang ein, ließ die Kupplung kommen und gab tüchtig Gas.

Das Auto schoss davon. Nach ein paar Dutzenden Metern blickte er in den Rückspiegel, ohne die Fahrbahn hinter sich zu erkennen. Der Blickwinkel stimmte nicht.

Feiner Sprühregen benetzte die Windschutzscheibe fast ebenso schnell, wie die Scheibenwischer ihn fortschaben konnten.

Außerhalb des Feldes der Scheibenwischer war das Fenster trüb wie Milchglas, genau wie die übrigen Scheiben des alten Autos.

Jörg Seedow befand sich in einer kleinen Welt für sich.

Die surrenden Reifen des Autos zischten über den feuchten Asphalt der Landstraße, ließen das Wasser der Pfützen zur Seite spritzen.

Nach einiger Zeit stellte sich Jörg Seedow die Frage, warum er so raste, vor der Mittagszeit erhielt er sowieso keine Besuchserlaubnis. Er nahm den Fuß vom Gaspedal und ließ den Wagen ins Schleichtempo zurückfallen, so konnte er in aller Ruhe noch einmal die Fakten durchgehen, die er mit Rudolf Pleil besprechen wollte.

Als Jörg Seedow im Gefängnis eintraf, erlebte er eine herbe Enttäuschung, denn er erhielt eine abschlägige Antwort: „Der Strafgefangene Pleil sei renitent, aggressiv und drohe alle, die ihn besuchen würden, zu erschlagen".

Das entsprach den Tatsachen. Pleil war schon in der Vergangenheit streitsüchtig gegenüber seinen Mitgefangenen gewesen, aber was er jetzt in dieser Beziehung abzog, setzte allem die Krone auf. Selbst der Seelsorger der Anstalt durfte nur in Begleitung eines Wärters die Zelle betreten. Schon bei dessen erstem Besuch schrie er ihn an: „Raus mit dir! Du schwarzer Kuttenträger!"

Der Seelsorger, ein Theologiestudent, der beim zuständigen Gefängnisseelsorger aushalf, ließ sich nicht entmutigen und besuchte Pleil weiter in seiner Zelle. Irgendwann würde er schon Zugang zu dem Massenmörder bekommen, da war er sich sicher.

Und tatsächlich! Eines Tages empfing der Wärter den Seelsorger mit den Worten: „Gehen Sie heute mal allein zu ihm. Sie werden ein Wunder erleben".

Als der Geistliche die Zelle betrat, hockte Pleil zusammengekauert auf seinem Stuhl und hielt einen zusammengeknüllten Brief in der Hand.

Pleil heulte wie ein Schlosshund.

Als er den Seelsorger wahrnahm, knallte er den Brief auf den Tisch und befahl im: „Da, lies!"

Der Brief kam aus England, der mit „*Sehr geehrter Herr Pleil*" begann. Christliche Frauen schrieben dem Mörder, dass sie für ihn beten würden.

Das hatte Pleil umgeworfen, dass Frauen, die ihn nicht kannten, für ihn beten wollten. Der Brief schien Pleil bewusst gemacht zu haben, dass es nicht richtig war, was er getan hatte.

Aber von Reue keine Spur.

Das Verhalten Pleils in der Zelle hatte sich grundlegend geändert, vor allem, nachdem die Gefängnisleitung beschlossen hatte, keinen Mitgefangenen mehr in seine Zelle zu verlegen.

Heftseite um Heftseite schrieb er mit seinem Geständnis voll, wobei die Anzahl der ermordeten Frauen sich ständig änderten. An einige Fälle erinnerte Pleil sich allerdings nicht mehr, da bei seinen Taten oft der Alkohol im Spiel gewesen war.

Das Ergebnis waren drei eng beschriebene schwarze Schulhefte, 127 Seiten dicht beschrieben mit dem Titel *„Mein Kampf – von Rudolf Pleil, Totmacher a. D."* In diesen Heften bekannte er sich in den in kindlicher Sütterlinschrift notierten Mordbeschreibungen freudig zu seinen Taten, aber er beschimpfte auch gleichzeitig seine Kumpane Kurt Hoffmann und Konrad Schüßler. Pleil ekelte es noch im Nachhinein vor dem ewigen Kopfabschneiden der Opfer. In diesen Heften bezichtigte er sich, insgesamt 25 Morde begangen zu haben. Einen mehr als Fritz Haarmann, was ihn in seinen eigenen Worten zum *„größten Totmacher von allen Zeiten in Deutschland und sämtlichen Ausländern"* machen sollte.

In den abgründigen Textpassagen vollzog er einzelne Morde detailliert nach und illustrierte diese Schilderungen durch Tatortskizzen, auf denen jeder Strauch abgebildet war.

Am 31. Oktober 1950 begann die Gerichtsverhandlung gegen Rudolf Pleil, um ihm den Prozess als Massenmörder zu machen. In den drei Jahren der Ermittlungsarbeit war ein riesiger Aktenberg entstanden. Er bestand letztlich aus psychiatrischen Gutachten, umfangreichen Urteilsbegründungen, Tatortfeststellungen, Fallrecherchen, die Tagebücher des Mörders, juristische und psychologische Eigeneinschätzungen, in denen Pleil seine Deformationen zu erläutern versucht. Es waren dies rund 40 Gedichte und Pleils Dreiakter: *„Rudolf! Eine Komödie!"*

In allen Massenmedien wurde über den bevorstehenden Prozess berichtet, entsprechend groß war das öffentliche Aufsehen.

Zu den bevorstehenden öffentlichen Sitzungen der Gerichtsverhandlung wurden nur ausgesuchte Reporter zugelassen, und sogar diese mussten bei besonderen bedeutsamen Aussagen den Sitzungssaal verlassen.

Unter den Zugelassenen befand sich auch Jörg Seedow, der die ganzen Jahre versucht hatte, den Massenmörder zu stellen. Wie dicht er an einem Erfolg seiner Ermittlungsarbeit gewesen war, zeigte die Verhaftung Pleils in Zorge nach der Erschlagung des Hamburger Kaufmanns. Obwohl damals noch niemand etwas von den schrecklichen Verbrechen ahnte, die Pleil aus Sexualtrieb und seine zwei Komplizen aus Habgier an weiblichen Grenzgängern verübten, war Jörg Seedow bei der Festnahme Pleils schon zu der Überzeugung gekommen, das hinter der ganzen Sache noch mehr stecken musste. Aber das wollte ja damals keiner hören.

Drei Jahre Ermittlungsarbeit waren notwendig gewesen, um all das Ungeheuerliche ans Tageslicht zu bringen. Die Teilung Deutschlands hatte die Ermittlungsarbeit der westdeutschen Behörden zusätzlich erschwert. Zahlreiche Geständnisse konnten nicht überprüft werden, weil sich Tatorte nun einmal auf dem Gebiet der sowjetischen Besatzungszone, der späteren DDR befanden. Die ostdeutschen staatlichen Organe zeigten sich nicht sehr kooperativ bei der Aufklärung der Mordfälle. So konnte auch Pleils Ehefrau nicht zum Prozess erscheinen, weil diese in der DDR wohnend keine Reisegenehmigung in die BRD erhielt.

Der Gefangenentransporter fuhr mit dem streng bewachten Angeklagten vor, die über einen separaten Eingang in den Innenhof des Gerichtsgebäudes gebracht wurden, abgeschirmt gegen die zahlreich anwesenden Fotografen.

„Zum Aufruf kommt die Sache Rudolf Pleil und Komplizen!", verkündete der Gerichtsdiener auf dem Flur des Gerichtsgebäudes und öffnete die Tür zum Sitzungssaal.

Der 26-jährige Hauptangeklagte Rudolf Pleil, seine Mitangeklagten, der 36-jährige Karl Hoffmann und der 22-jährige Konrad

Schüßler, wurden in Handschellen kurz vor 9 Uhr von Justizbeamten in den Braunschweiger Gerichtssaal geführt.

Ein Blitzlichtgewitter der anwesenden Journalisten und Fotografen empfing sie.

Die Anwälte nahmen ihre Plätze ein.

„Ruhe! Ruhe!", rief die Protokollführerin in den Saal und kündigte das Gericht an. Die Richter erschienen und alle im Saal erhoben sich von ihren Plätzen.

Noch einmal musste der Vorsitzende die Zuhörer zur Ruhe ermahnen, bevor der Prozess beginnen konnte.

„Ihre Anklage, Herr Staatsanwalt!"

Der Staatsanwalt, ein dunkelhaariger Mann mit grauen Schläfen, verlas die Anklageschrift, nicht ohne ständig die vor ihm sitzenden Angeklagten zu beobachten.

Als der Vorsitzende Richter die Beschuldigten nach der Verlesung der Anklageschrift auffordert: „Sie haben die Ausführungen des Staatsanwaltes gehört. Wollen Sie sich dazu äußern? Sie können aber auch von Ihren Recht des Schweigens Gebrauch machen!"

Pleil legte alle Schüchternheit ab, blickte lächelnd in den Zuschauerraum und begann mit den Fotografen zu posieren.

„Haben Sie etwas zu sagen!", ertönte etwas ungeduldig die Stimme des Vorsitzenden Richters.

„Nein!"

„Dann nehmen Sie auf der Anklagebank neben Ihrem Verteidiger Platz!"

Die Verhandlung wurde jedoch nicht mit der üblichen Zeugenvernehmung begonnen, sondern begann mit einem sensationellen Beschluss. Das Gericht lehnte auf Antrag der Staatsanwaltschaft den Psychiater Dr. Barnsdorf, der mit seinem Alkoholtest Pleils Geständnisfreude ausgelöst hatte, als Gutachter ab. Barnsdorf war nämlich entgegen den für gerichtliche Gutachter geltenden Vorschriften bereits vor Abschluss des Gerichtsverfahrens an die Öffentlichkeit gegangen.

Für Jörg Seedow hatte dieser Beschluss eigentlich nichts Sensationelles, denn er kannte den ausführlichen Artikel über den Massenmörder Pleil, der im Nachrichtenmagazin „Der Spiegel" veröffentlicht wurde.

An Barnsdorf Stelle wurden zwei andere Gutachter berufen.

Zum Verhandlungsauftakt behauptete auch der Anwalt Hoffmanns, Pleils Sadismus sei von ihm erfunden, das wahre Motiv indessen sei Habgier gewesen.

Auf der Anklagebank saß ein etwas fetter Mann mit lächelndem, pfiffigem Gesicht, der sich redselig und gut gelaunt gab. Er versuchte im Prozess, sich ständig in den Mittelpunkt zu stellen, kommentierte fortwährend die Verhandlung und störte durch Zwischenrufe. Ungerührt erzählte er über seine Gräueltaten und war bemüht sich mehr Morde nachzuweisen, als man ihm vorwarf.

Bild 29: Der Prozess um den Serienmörder Rudolf Pleil sorgte 1950 international für Schlagzeilen.

„Noch in hundert Jahren soll man von mir reden!", war seine klare Ansage. Die Ansage eines Mannes, der nicht beschränkt oder gar ein halb vertierter Triebmensch war, sondern einen intelligenten, fast gutmütigen Eindruck machte, der durch Blut und Mord zu sexueller Befriedigung gelangte. Voller Stolz sprach er über seine Verbrechen, bedeuteten diese doch für ihn die Wirklichkeit seiner, wenn auch pervertierten, Persönlichkeit.

In der ersten Verhandlungspause sagte Pleil zu seinem Wärter, dass er für ein entsprechendes Honorar bereit wäre ein Interview zu geben. Er machte den Eindruck eines Geschäftsmannes, der seine Lebensgeschichte zu verkaufen hatte.

Als die Verhandlung fortgesetzt wurde, verlangte der Staatsanwalt von Rudolf Pleil: „Erzählen Sie uns weitere Einzelheiten über Ihre Taten!"

Pleils Augen leuchteten auf, er wusste, dass seine Stunde gekommen war. Er schilderte Morde in allen Einzelheiten und konnte auch die Tatorte genau beschreiben. Seine Äußerungen unterstrich er ständig mit den Worten der *„beste Totmacher Deutschlands"* zu sein und hatte sich diese Worte auch noch auf sein Jacke aufgenäht.

Manch einer im Gerichtssaal war mehr oder weniger in die Geschehnisse integriert. Jörg Seedow schnürte es die Kehle zu, vor so viel Unverfrorenheit, die der Angeklagte zur Schau stellte und der immer wieder darauf bestand mehr Menschen getötet zu haben als ihm vorgeworfen wurde.

Das *„Arbeitsgebiet"* des Massenmörders Pleil erstreckte sich von Helmstedt bis ins Himmelreich bei Ellrich / Walkenried.

Die im Saal Anwesenden waren schockiert über den Auftritt des Angeklagten.

Die Stimmung im Saal war angespannt.

Pleil spekulierte darauf als geisteskrank eingestuft zu werden. Dann wäre er sicherlich um eine Freiheitsstrafe herum gekommen und seiner Taktik zufolge in die Psychiatrie eingewiesen worden.

Die Nervenärzte bezeichneten Pleils Sexualität zwar als abnormal, nicht als krank. Als Sadist habe er durch Gewalt die höchste Form sexueller Befriedigung gesucht. Einem unwiderstehlichen Zwang sei er dabei nicht unterworfen gewesen. Mehrmals habe er seine Absicht zu töten nicht verwirklicht. Seine Epilepsie, sein Alkoholismus und seine abnormale sexuelle Veranlagung seien demnach nicht die Voraussetzung dafür gewesen, dass Pleil nicht anders hätte handeln können. Obwohl sie Pleil als Lustmörder bezeichneten, dessen Raubmotiv im Hintergrund stand, erkannten die beide psychiatrischen Sachverständigen Pleil dennoch eine verminderte Zurechnungsfähigkeit zu.

So schrieb ihm das Gericht bei den Morden, die er begangen hatte, bei einem Mord einen epileptischen Dämmerzustand zu und sei somit für diesen nicht verantwortlich.

Die Gerichtsverhandlung dauerte insgesamt fünf Tage und der Staatsanwaltschaft gelang es, das Gericht davon zu überzeugen, dass Pleil der gesuchte Serienmörder war. Die Beweise waren eindeutig und die Gutachten sprachen klar für die Täterschaft. In seinem Plädoyer begann der Staatsanwalt mit der Schilderung jeder einzelnen Tat. Er versuchte die Zeugenaussagen zu interpretieren, dass es gar keinen Zweifel geben könnte, dass Pleil der Mann sei, der unsägliches Leid über viele Familien gebracht hätte. Der Staatsanwalt versuchte dem Gericht klarzumachen, dass dieser Mensch nie mehr in Freiheit kommen dürfe, nicht allein zuletzt deshalb, weil alle Psychiater sich einig seien, dass er diese grauenhaften Taten sofort fortsetzen würde. Er beendet seine Ausführungen mit den Worten: „Niemand kann verantworten, diesem Menschen nur die Chance zu geben, jemals einen Schritt aus der Strafanstalt tun zu können!"

Die Beratung des Gerichtes für die Urteilsfindung dauerte daher nicht lange. Im Mordprozess Pleil sah der vorsitzende Richter es als erwiesen an, der Angeklagte sei im Grunde genommen ein stupider, von Komplexen zerfressener Trunkenbold, der acht Morde und einen Mordversuch mit seinen Komplizen gemeinschaftliche begangen hätte und einen Mord allein verübte. Er verkündete das Urteil: „Lebenslänglich Zuchthaus und der Verlust der bürgerlichen Ehrenrechte auf Lebenszeiten!"

Pleil wurde in den sensationell aufgemachten Presseberichten als mordende Bestie dargestellt und zum „schlimmsten Lustmörder aller Zeiten" avanciert.

Auch sein Komplize Karl Hoffmann wurde für teilweise gemeinschaftlich begangene Morde als überführt angesehen.

Bei Konrad Schüßler sah das Schwurgericht einen versuchten Mord und zwei gemeinschaftlich ausgeführte Morde als erwiesen an.

Pleil, der vor Gericht zunächst ein volles Geständnis abgelegt hatte, widerrief nach der Urteilsverkündung jedoch zum Teil seine Aussagen und ließ von seinem Verteidiger ankündigen, er wolle in Revision gehen. In zahllosen Eingaben an die Staatsanwaltschaft und die Kriminalpolizei in Braunschweig bezeichnet er seine Verurteilung als den *„größten Justizirrtum aller Zeiten"*. In Wahrheit habe er nur viermal gemordet, die übrigen fünf Fälle habe er auf sich genommen; „weil ich immer Hunger hatte und gierig nach Tabak war, von der Kripo bekam ich Lebensmittel und Rauchwaren" und „weil ich auf Unterbringung in einer Heil- und Pflegeanstalt rechnete".

Die Revision des Urteils gegen Pleil wurde allerdings nicht zugelassen.

Pleil zog zum zweiten Mal und diesmal für immer in das Celler Zuchthaus ein und kehrte in die Zelle 44 zurück. Hier setzte er im verstärkten Maße seine schriftstellerische Tätigkeit fort, begann seine Memoiren zu vollenden, denen er den viel versprechenden Titel gab: *„Mein sexuelles Leben von meiner frühen Jugend bis zur Gegenwart."*

Einsam verbrachte er die Tage in seiner Zelle und er wunderte sich, dass keine Reporter mehr an ihn Fragen stellten oder ihn fotografieren wollten.

Pleil ging mit der Zeit immer mehr dazu über, Notizen über Begegnungen, Gespräche und Beobachtungen im Zuchthaus anzufertigen. Zu den von ihm festgehaltenen Verhaltensweisen hatten vor allem die Briefe und Schriften des *„Blauen Kreuzes"* geführt. Darum war er auch damit einverstanden, wenn die Antialkoholikervereine sein verpfuschtes Leben als *„Modellfall"* der Menschheit vor Augen hielten.

Die von Pleil angefertigte beschriftete Zeichnung, auf der er seine anatomischen Kenntnisse von Menschen rekapitulierte und dazu die überraschende Anmerkung machte: Beim Hering habe ich zwar eine Seele feststellen können, bei einem Menschen dagegen nicht, zeigte die Ernsthaftigkeit seiner Knastpsychologie.

„Wo befindet sich nun die Seele?", rätselte Pleil.

Pleil spürte die Einsamkeit in seiner Zelle, fühlte die Enge des Raumes. Kein Beamter kam mehrmals am Tage an seine Tür, nur noch zum Empfang des Essens öffnete man die kleine Luke. Der Hofgang wurde zum Spießrutenlauf für ihn.

Mit der „*Läuterung*" vom Massenmörder zum Seelenforscher fiel ein Ereignis zusammen, das für Pleil von höchster Bedeutung werden sollte. Pleil lernte im Celler Gefängnis den Fachlehrer Willi Kämmer, der sich der „*Meisterschreiber*" nannte, kennen. Zwischen Pleil und Kämmerer entspann sich bald ein inniger Gedankenaustausch.

Kämmerer ging es dabei nur um seinen persönlichen Vorteil, er wollte aus den „*Pleil Memoiren*" klingende Münze schlagen. So zog Kämmerer einen weiteren Mitgefangenen in die zu bewältigenden Aufgaben ein.

Der Strafgefangene Wilhelm Meyenschein hatte die Aufgabe, Pleil mit Ideen zu versorgen.

Es war später kaum mehr auseinanderzuhalten, was Pleil auf Anweisung von Meyenschein und was er aus eigenem Antrieb geschrieben hatte. So entstanden ohne Zweifel längere Passagen der Pleil-Memoiren, sowie eine dreiaktige „*Komödie*".

Die Voraussetzung dafür, dass Pleil und Kämmerer ungehindert sich ihren Hobbys widmen konnten, schuf der Kalfaktor Erich Dollner. Dieser fungierte in Celle als Verbindungsmann zwischen Pleil und Kämmerer. In seiner Eigenschaft als Bademeister im „*Todeshaus*" blieb Dollner unbeaufsichtigt, wenn die Gefangenen zu ihm kamen, um zu duschen oder ein Wannenbad zu nehmen.

Parallel zu den Waschungen vollzog sich dann der Austausch von Papier und Informationen.

Freilich handelte Dollner nicht aus reiner Menschenliebe. Er wollte, wie Kämmerer später „*draußen*", aus den Aufzeichnungen Pleils Profit schlagen.

Nachdem Pleil zwei Anträge auf Kastration gestellt hatte, die jedoch von den zuständigen Behörden abgelehnt wurden, unternahm er den erfolglosen Versuch zur Selbstentmannung.

Pleil blieb bei der Monotonie des Tagesablaufes und bei den Gedanken, dass sich bis zu seinem Tod nichts ändern würde, ein schwieriger und renitenter Häftling.

Dreimal versuchte er vergeblich, sich das Leben zu nehmen. Als am 16. Februar 1958 der Gefängniswärter die Zelle von Rudolf Pleil betrat, hing dieser mit einem Handtuch um den Hals leblos am Fenstergitter. Der vierte Versuch war diesmal gelungen, Pleil hatte sich in seiner Einzelzelle erhangen. Es war das letzte Mal, dass er getötet hatte.

Im Protokoll hieß es dazu, dass *„als Motiv des Selbstmordes Lebensüberdruss angenommen werden"* müsse. Lange Jahre hatten die zusammengetragenen Unterlagen über den Serienmörder Pleil in der Schublade des Schreibtisches von Jörg Seedow geschlummert. Mit der Todesanzeige kamen die Erinnerungen an seine Ermittlungsarbeit wieder hoch. Er schaute auf die Anstrengungen zurück, die er unternommen hatte, um des Massenmörders habhaft zu werden, aber schließlich doch noch kurz vor dem Ziel, durch die Verhaftung Pleils in Zorge scheiterte.

Die Vorbereitung, sowie der Ausgang des Prozesses gegen den Sexualtriebtäter, gab ihm letztendlich doch noch die Bestätigung, auf dem richtigen Weg gewesen zu sein.

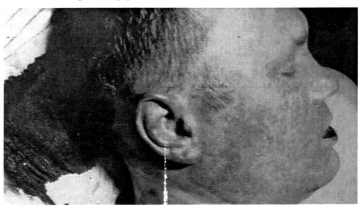

Bild 30: Der Massenmörder Rudolf Pleil hat sich am 16. Februar 1958 in seiner Gefängniszelle im Zuchthaus Celle selbst gerichtet.

Anfang der 70er Jahre fiel Jörg Seedow dann noch eine Reportage über Rudolf Pleil von einem Kollegen, dem Journalisten Oswald Kolle in die Hände: *„Die Geschichte Rudolf Pleils ist auch die Geschichte einer gewalttätigen Gesellschaft, die damals Gewalt pries und nun die Saat der Gewalt erntet"*.

Epilog

Gleichgültigkeit und Verrohung hatten sich in der Kriegs- und Nachkriegszeit in Deutschland breitgemacht. Diejenigen, die nach der Teilung Deutschlands die Grenzen zwischen den Gebieten der Besatzungsmächte überschritten, zählten oft zum *„Strandgut des Krieges"*.

Evakuierte, Vertriebene, ehemalige Wehrmachtsangehörige, Fremdarbeiter und Familienangehörige auf der Suche nach ihren Verwandten überschritten die *„grüne Grenze"* in beiden Richtungen.

Neben dem gesetzwidrigen Warenhandel, der in voller Blüte stand, gehörten in den Grenzgebieten, hervorgerufen durch Nachkriegszustände, zwangsläufig leider auch Raub und Mord zur Tagesordnung. Begünstigend erwies sich dabei die Tatsache, dass viele Opfer nicht aus der Gegend stammten.

Eine Art der Reflexion der Gesellschaft spielte sich hier ab vor dem Hintergrund des eben zu Ende gegangenen zweiten Weltkrieges und der Teilung Deutschlands in die alliierten Besatzungszonen.

Nicht alle Opfer wurden von fremder Hand getötet, manch Heimkehrer blieb aus Erschöpfung irgendwo liegen und verstarb. In einsamen Waldstücken, abgelegenen Landstrichen und auch in Brunnenschächten jedoch gab es bisweilen grausige Funde, nämlich die Leichen erschlagener, missbrauchter und zumeist ausgeraubter Frauen. Sie gingen zunächst als ungelöste Fälle in die Akten der Justizbehörden ein.

In der Zeit, in der sich die Grenzgängerei und Schmuggelei zwischen der Ost- und Westzone voll entfaltete, blieb der Südharzer Grenzraum nicht von solchen Ereignissen verschont. Bei der Überquerung der Grenze prägte die Furcht das Handeln all jener, die aus schierer Not durch Handel und Tausch den Lebensunterhalt verdienten oder Verwandte und Freunde im anderen Teil Deutschlands besuchten. All dies geschah in einer Zeit, in der eine gewalttätige Gesellschaft die Gewalt pries und dafür die Saat der Gewalt erntete.

Wenn die Rede auf Frauenschicksale an der Grenze kam, dann fiel der Name eines Mörders, der in der frühen Nachkriegszeit *„im Dschungel des Zonenniemandslandes"* unter den allein reisenden Frauen seine Opfer suchte und fand. Die Begegnung mit dem mordenden Grenzschmuggler und Grenzführer Rudolf Pleil, der sich in diesen Tagen, Wochen und Monaten Flüchtlingen als Helfer auf dem Weg zwischen Ost und West, West und Ost anbot, gehörte zum Gefährlichsten und zum Grausigsten, was einer Frau in dem unsicheren Grenzgebiet widerfahren konnte.

Es ist schwer vorstellbar, dass Frauen, die illegal die Zonengrenze von Ost nach West bzw. von West nach Ost überqueren wollten, sich der Führung des gutmütig dreinblickenden Mörders etwa nicht anvertrauten. Aber man konnte sich im gleichen Atemzuge auch nicht vorstellen, dass diese bereit waren, ihm dafür den Preis zu zahlen, den der triebhaft Gierige erwartete.

Wie ein Irrlicht tauchte Pleil bald hier, bald dort auf, mal mit Komplizen, mal allein und hinterließ eine blutige Spur zwischen der sowjetischen und den westlichen Besatzungszonen.

Das Motiv für seine Morde waren der blanke Sadismus und die blinde Raubgier. Das Töten wurde für ihn zum Ersatz für den normalen Geschlechtsverkehr, den er nicht ausüben konnte. Die Bluttat allein verschaffte Pleil sexuelle Befriedigung und er präsentierte sich nach der Aufdeckung seiner Taten mit einer Liste der getöteten Frauen stolz den Pressefotografen.

Die Mordserie begann im Sommer 1946, in der britischen Besatzungszone, deren Aufklärung einfach nicht gelingen wollte. Pleil nutzte die Spaltung Deutschlands aus, die die Strafverfolgung von Verbrechern erschwerte und somit seine Mordtaten in Folge über einen so langen Zeitraum überhaupt erst möglich werden ließen.

Pleil war ein Grenzgänger im unseligen Niemandsland der Zonengrenzen. Er überschritt Grenzen, in der Kindheit als Schmuggler, im Mannesalter als Mörder.

Aber die damals herrschenden Verhältnisse sind natürlich nicht allein verantwortlich für die Taten eines Pleils. Die sadistischen Triebrichtungen seiner Sexualität hätten Pleil zu anderen Zeiten wahrscheinlich ebenfalls zu Zwangsvorstellungen und deren blutigen Verwirklichungen geführt, aber sicherlich nicht in diesen zahlreichen grausamen Ausmaßen.

Genau diese Situation diente als Hintergrund für den Versuch, diese fürchterlichen Verbrechen in einer teilweise fiktiven Erzählung darzustellen. Es wurde das Experiment unternommen reale Tatsachen in erfundene Handlungen einzubetten, um ein genaues Bild der damaligen Zeit zu zeichnen. Ob dies gelungen ist, kann nur der aufmerksame Leser dieses Buches beurteilen.

Anhang

Ausweispapier des Rudolf Pleil

Quelle: Internetseite SERIENKILLERTALK.TK

Fundorte der Frauenleichen
(Vier im Westen, fünf im Osten, von denen Pleil sagte:
„Das sind nur neun von vierzig").

Quelle: Eugen Meyer: Geheimnis Sperrgebiet oder wie man im
Raum Ellrich durch Vernichten des Ungeziefers und Ausreißen der
Kornblumen glaubte den Sozialismus festigen zu können.

Ehemaliger Grenzverlauf zwischen Ellrich und Walkenried

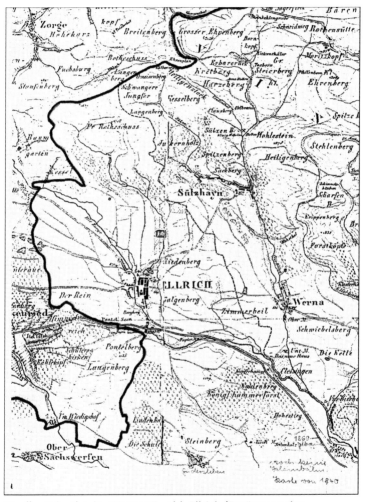

Quelle: Privatbesitz Werner Ewald, Ellrich (Ergänzung der ehemaligen Grenze zwischen Ost und West durch dicke Linie).

Routen von Ellrich nach Walkenried, die durch die Grenzgänger genutzt wurden. (1946/1947)

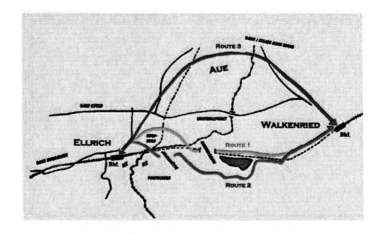

Route 1: Über den Burgberg und durch den Eisenbahntunnel. Das war der kürzeste Weg.

Route 2: Durch das Gelände des ehemaligen KZ nach Juliushütte, von dort durch den Tunnel oder alternativ über den Berg.

Route 3: Unter Umgehung des Kontrollpunktes im Bogen nach Norden ausweichend durch die Felder der Aue.

Quelle: Rekonstruktion nach einer Abbildung aus dem Grenzmuseum Klettenberg.

Aufstellung von beschlagnahmten Waren

Landpolizeiposten
W a l k e n r i e d

Walkenried, den 20. 5. 1946

Aufstellung der Beschlagnahmten Waren .

38	Alkoholmeter ✓
30	Pakete Tabak a 50 Gramm
30	Schachteln Zigaretten a 24 Stück
2852	Schachteln Kautabak
151	Paar Strümpfe ✓

```
3,05 Meter Herrenstoff
3,10   "      "
3,10   "      "
3,35   "      "
3,85   2      "
3,20   "      "
3,70   "      "
3,20   "      "
2      "      "
1,10   "      "
3,20   2      "
3,20   "      "
3,20   "      "
2,50   "      "
1,85   "      "
```

Oben aufgeführte Waren wurden im Beisein eines englischen Offiziers
überprüft und aufgenommen.

Checked and found correct

Für die Richtigkeit der Aufstellung :

(G e w a l t)
Meister der Landpolizei.

Quelle: Unterlagen Horst Kraul, Ellrich (Grenzverletzung 21. 02. 1984).

Tatortfotos

Tatortfotos

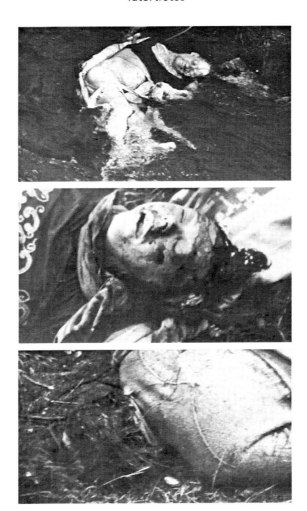

Quelle: Internetseite SERIENKILLERTALK.TK und „Die großen
Kriminalfälle" DVD, Staffel 6, Folge 3, wurde vom WDR gesendet.

Tatortbesichtigung der Kriminalpolizei mit dem Sexualtriebtäter Rudolf Pleil

Quelle: Internetseite SERIENKILLERTALK.TK und „Die großen Kriminalfälle" DVD, Staffel 6, Folge 3, wurde vom WDR gesendet.

Abkürzungen

a. D.	außer Dienst
ARD	Arbeitsgemeinschaft der öffentlich-rechtlichen Rundfunkanstalten der Bundesrepublik Deutschlands
BRD	Bundesrepublik Deutschland
bzw.	beziehungsweise
ca.	circa
DDR	Deutsche Demokratische Republik
dergl.	dergleichen
Dr.	Doktor
e. K.	eingetragener Kaufmann
e. V.	eingetragener Verein
g	Gramm
Ing.	Ingenieur
Kripo	Kriminalpolizei
KZ	Konzentrationslager
Nr.	Nummer
NS	Nationalsozialismus
SA	Sturmabteilung
StGB	Strafgesetzbuch
Sowjets	Bezeichnung für Bürger der UdSSR
SS	Schutzstaffel
UdSSR	Union der Sozialistischen Sowjet Republiken
WDR	Westdeutscher Rundfunk
z. B.	zum Beispiel

Quellennachweis der Bilder

Bild 1   Deutsches Bundesarchiv, Bild 183-21042-001
Bild 2   Deutsches Bundesarchiv
Bild 3   Bundesarchiv, Bild 183-S88411
Bild 4   „Die großen Kriminalfälle"
          DVD, Staffel 6, Folge 3, wurde vom WDR gesendet.
Bild 5   Privatbesitz Ernst-Ulrich Hahmann, Bad Salzungen
Bild 6   Privatbesitz Ernst-Ulrich Hahmann, Bad Salzungen
Bild 7   Bundesarchiv Bild 183-N0415-365
Bild 8   Privatbesitz Ralf Oehler, Ellrich
Bild 9   Privatbesitz Ernst-Ulrich Hahmann, Bad Salzungen
Bild 10   Privatbesitz Ernst-Ulrich Hahmann, Bad Salzungen
Bild 11   Privatbesitz Ernst-Ulrich Hahmann, Bad Salzungen
Bild 12   Privatbesitz Ernst-Ulrich Hahmann, Bad Salzungen
Bild 13   Privatbesitz Ernst-Ulrich Hahmann, Bad Salzungen
Bild 14   Privatbesitz Ralf Oehler, Ellrich
Bild 15   Privatbesitz Andreas Friese, Ellrich
Bild 16   Privatbesitz Ernst-Ulrich Hahmann, Bad Salzungen
Bild 17   Privatbesitz Ernst-Ulrich Hahmann, Bad Salzungen
Bild 18   Privatbesitz Ernst-Ulrich Hahmann, Bad Salzungen
Bild 19   Privatbesitz Werner Ewald, Ellrich
Bild 20   Postkarte, Heimatmuseum Zorge
Bild 21   Archiv Reinhold Albert, Trappstadt
Bild 22   Heimatmuseum Zorge
Bild 23   Aufgenommen beim Braunschweiger Mordprozess 1950.
          Archiv *Neue* Presse Coburg, Ressort Hassberge
Bild 24   „Die großen Kriminalfälle"
          DVD, Staffel 6, Folge 3, wurde vom WDR gesendet.
Bild 25   „Die großen Kriminalfälle"
          DVD, Staffel 6, Folge 3, wurde vom WDR gesendet.
Bild 26   Eugen Meyer: Geheimnis Sperrgebiet oder wie man im
          Raum Ellrich durch Vernichten des Ungeziefers und
          Ausreißen der Kornblumen glaubte, den Sozialismus
          festigen zu können. Privatdruck 2009

Bild 27 „Die großen Kriminalfälle"
          DVD, Staffel 6, Folge 3, wurde vom WDR gesendet.
Bild 28 Internetseite SERIENKILLERTALK.TK
Bild 29 Niedersächsisches Landesarchiv/Staatsarchiv
          Wolfenbüttel
Bild 30 „Die großen Kriminalfälle"
          DVD, Staffel 6, Folge 3, wurde vom WDR gesendet.

Genutzte und weiterführende Literatur

Feix, Gerhard   *„Der Tod kam mit der Post".*
                            Aus der Geschichte der BRD-Kripo;
                            Verlag Das Neue Berlin; 4. Auflage;
                            Berlin 1988

Gundlach, Horst   *„Die deutsch-deutsche Grenze im*
Dr.-Ing.   *Südharz" – eine Dokumentation der*
                            Ereignisse von 1945 bis 1990
                            Eigenverlag; Druckerei Ludewig;
                            Bad Sachsa 2009

Harbort, Stephan   *„Die morbide Vorstellung-*
                            und Erlebniswelt sadistischer
                            Serienmörder"
                            In Robertz, F./Thomas, A.:
                            Serienmord. Kriminologische und
                            kulturwissenschaftliche Skizzierungen
                            eines ungeheuerlichen Phänomens.;
                            2002

Kompisch, Kathrin   *„Der Teufel in Menschengestalt" –*

Otto, Frank

Die Deutschen und ihre Serienmörder.
Militzke Verlag e. K.; Leipzig 2004

Meyer, Eugen

*„Geheimnis Sperrgebiet oder wie man
im Raum Ellrich durch Vernichten
des Ungeziefers und ausreißen der
Kornblumen glaubte, den Sozialismus
festigen zu können.",* Privatdruck; 2008

Newton, Michael

*„Die große Enzyklopädie der
Serienmörder"*
Aktualisiert und ergänzt von Jaques
Buval; V. F. SAMMLER
2. Auflage; Graz 2002

Pfeiffer, Hans

*„Berühmte Kriminalfälle –
Der Grenzgänger"*
Band 4, Seite 43–55; Militzke Verlag;
1. Auflage; Leipzig 2002

Pfeifer, Hans

„Der Zwang zur Serie"
Serienmörder ohne Maske,
(Ein Tatsachenbericht); Militzke
Verlag; 1. Auflage; Leipzig 1996

Reinboth, Michael

*„Aus der Geschichte der Eisenbahn
Nordhausen–Northeim"*
Verein für Heimatgeschichte
Walkenried und Umgebung e. V.;
Walkenried 1978

Rutsch, Hans-Dieter

„Rudolf Pleil – Der Totmacher"
Reihe „Die großen Kriminalfälle",
im ARD am 22. 10. 2007 um 21.00 Uhr
ausgestrahlt.

Ullrich, Wolfgang   *Der Fall Rudolf Pleil und Genossen.*
                              Ermordung von „Grenzgängern"
                              Archiv für Kriminologie 123 (1959);
                              S. 36–44, 101–110

Vladi, Firouz   *Menschen und Wirtschaft im Wandel,*
                              West- und Südharz, Zeitreise durch die
                              letzten Jahrhunderte
                              Verlagsteil Harz-Kurier; 29. 12. 2000

Wehner-Davin, Wiltrud   *Rudolf Pleil, Totmacher a. D.*
                              Kriminalistik 39 (1985); S. 339–341

Pleil – Memoiren   *„Hat der Hering eine Seele?"*
                              „Der Spiegel" Heft 29/1958 vom
                              16. 07. 1958

Hans-Dieter Rutsch   *Film: Die großen Kriminalfälle*
                              Eine WDR-Dokumentation/DVD
                              „Die großen Kriminalfälle", Staffel 6,
                              Folge 3

Ernst-Ulrich Hahmann

geb. 1943 in Ellrich am Südharz, lebt in Bad Salzungen. Ausbildung als Dreher, danach Laufbahn eines Artillerie-offiziers (1963–1988).

Während der Wendezeit Einsatz als Kreisgeschäftsführer beim DRK (1988–1991). Anschließend in verschiedenen Wachfirmen in unterschiedlichen Funktionen tätig.

Während der Armeezeit Artikel für militärtechnische und militärwissenschaftliche Zeitschriften geschrieben. Forschungsarbeit über das Leben und Wirken des Arbeiterführers Franz Jacob und Anfertigung einer Doku-mentation.

Nach der Wende Fernstudium „Schule des Großen Schrei-bens" an der Axel Anderson Akademie in Hamburg (1992 –1995).

Kurzgeschichten:
Der Albtraum (1994); Todesursache: Vernichtung durch Arbeit (1999); Der Weihnachtsstern (2007); Der Rummel kommt (2009).

Gedichte:
Mecki – Der Igel (1998); Schmetterlinge – Boten der Götter (1999).

Broschüren:
Das alte Ellrich – Sagen einer Südharzstadt (2000); Die wilde Horde (2003); Die Schnepfenburg – Bad Salzungen (2010); Die Ritter vom Frankenstein (2011); Reiki – Heilen-de Hände (Co-Autor Edelweiß Knabe 2012).

Bücher:
Das alte Salzungen – Sagen einer Stadt im Werratal (2000); Welf Wesley – Der Weltraumkadett – Die Feuer-taufe (2009); Der Weg in die Hölle – Stalingrad (2010).